江苏省高校优势学科二期工程（PAPD）资助项目（美术学）

2016 江苏文物艺术品拍卖市场研究报告

顾　颖 主编

江苏凤凰美术出版社

图书在版编目（CIP）数据

2016江苏文物艺术品拍卖市场研究报告 / 顾颖主编
-- 南京：江苏凤凰美术出版社，2017.12
ISBN 978-7-5580-3734-4

Ⅰ.①2… Ⅱ.①顾… Ⅲ.①历史文物—拍卖市场—研究报告—江苏—2016②艺术品—历史文物—拍卖市场—研究报告—江苏—2016 Ⅳ.①F724.787

中国版本图书馆CIP数据核字（2018）第011649号

责任编辑 王左佐
装帧设计 焦莽莽
责任校对 刁海裕
责任监印 殷 莉

书 名 2016江苏文物艺术品拍卖市场研究报告
主 编 顾 颖
出版发行 江苏凤凰美术出版社（南京市中央路165号 邮编：210009）
出版社网址 http://www.jsmscbs.com.cn
制 版 南京新华丰制版有限公司
印 刷 南京新世纪联盟印务有限公司
开 本 787mm×1092mm 1/16
印 张 17.5
版 次 2017年12月第1版 2017年12月第1次印刷
标准书号 ISBN 978-7-5580-3734-4
定 价 180.00元

营销部电话 025-68155790 营销部地址 南京市中央路165号
江苏凤凰美术出版社图书凡印装错误可向承印厂调换

联合编撰

南京艺术学院艺术市场实验中心

南京清凉书画研究院

主编

顾　颖

撰文

顾　颖　史　悦

孟　瑶　刘金泳

数据采集与整理

顾也天　王铭钰　史　悦　蒋　鑫

岳登强　倪春娇　刘丰涛　卜子桓

目录

重要数据

●截至 2016 年 12 月 31 日，全国具备文物拍卖经营资质的企业共 451 家。江苏 30 家，企业数在全国省份中位列第四。

● 2016 年度，全球文物艺术品拍卖市场下挫，中国大陆市场则强劲反弹。全国文物拍卖企业共举办 979 场文物艺术品拍卖会，上拍 499,260 件，成交 254,940 件，成交额 293.66 亿元。而江苏共上拍 13,083 件作品，成交 8,346 件，成交额约为 11.55 亿元。江苏成交总额在全国位居第五，列北京、上海、广东、浙江之后。

●在 2016 年度全国文物艺术品拍卖企业实收拍品款前 20 位及结算进度排名榜单、实收佣金前 20 位及实收佣金率排名榜单、文物艺术品拍卖业务营业税纳税前 20 名榜单、企业所得税纳税前 20 名榜单、企业总纳税前 20 名榜单、主营业务利润前 20 名及利润率排名榜单、人均创利前 20 名排名榜单、产业链贡献前 20 位榜单中，均没有一家江苏企业。

●在将参与本书数据采集的 14 家拍卖企业 2014、2015、2016 年三个年度的拍卖数据进行对比分析后，我们发现，无论是从拍卖场次、成交量、成交率、成交总额或是其他比较要素来看，整个江苏线下文物艺术品拍卖市场在 2016 年依旧呈现低迷的态势。

● 2016 年的江苏传统线下文物艺术品拍卖市场，既出现了两家企业联合举办拍卖会的“抱团取暖”现象，也为人们呈现出“三百年来第一流——吕凤子书画”等精心打造的特色专场，后者的成交实绩亦良足相慰。

● 2016 年，江苏传统线下文物艺术品拍卖市场上，80.28% 的成交拍品在 10 万元（含买方佣金）以下，10—100 万元的占 17.96%，1 000 万元以上的拍品仅有 6 件。

●传统的中国书画依旧是最重要的门类，占本年度上拍总量的 63.13%。紫砂器类拍品较前两年显著增多。

●江苏书画家的作品仍然最受欢迎，占上拍总件数的 70.64%，在成交总件数中则占 71.8%。傅抱石、钱松喦、亚明、宋文治、魏紫熙等五位新金陵画派的代表性画家，以及胡小石、林散之、萧娴、高二适等“金陵四老”，其作品在书画成交总件数中虽然只占 8.35%，却在书画成交总金额中占据 25.09% 的份额。同时，就所处价格区间而言，新金陵画派依旧是中高端市场的主力军，“金陵四老”的高端市场规模正在逐步扩张。

●在对在世的江苏书画家作品拍卖情况进行代际考察后发现，其上拍件数、成交总额、平均成交价及平均成交单价等指标多数呈直线下跌之势，成交率则与前两年大体持平。这表明，拍卖企业在减量提质上取得了显著成效。值得注意的是，在世江苏书画家作品的成交有向低价位集中的趋势。

● 2016 年度的江苏文物艺术品拍卖市场上，瓷器、玉器、紫砂器及杂项部分的上拍数量较 2015 年增加了 2,109 件，所增数量几乎和 2015 年的总数 2,440 件相当。除玉器外，此类市场有回暖之势。

●家具板块，上拍件数、成交率、成交总额均较上年大幅缩水。

●在以茅台为主体的老酒板块，市场活跃度显著提升。

●在 2016 年江苏文物艺术品拍卖市场本省书画家作品成交总额排名中，林散之、钱松喦、宋文治、魏紫熙、傅抱石高居前五。

● 2016 年度，江苏全省共举办 454 场艺术展览。南京依然是展览最多的城市，共 242 场，占总数的一半以上。岁末年初的 12 月和 1 月是艺术展览最为密集的时段，其次是气温宜人的春、秋两季。

第一章　2016年度江苏的经济与文化

第一节　2016年度江苏的人口、经济与消费

2016年，江苏经济社会保持平稳健康发展。据江苏省统计局、国家统计局江苏调查总队的统计，全年实现地区生产总值76,086.2亿元[1]，比上年增长7.8%。其中，第一产业增加值4,078.5亿元，增长0.7%；第二产业增加值33,855.7亿元，增长7.1%；第三产业增加值38,152亿元，增长9.2%。就行业而言，文化、体育和娱乐业生产总值795.79亿元，较上年635.64亿元增长160.15亿元，增幅25.2%。[2]全省人均生产总值95,259元，比上年增长7.5%。年末全省工商部门登记的私营企业达222.9万户，当年新增50.1万户，注册资本98,090.7亿元，比上年增长34.4%；个体户438.8万户，当年新增77.6万户。

据统计，截至2016年末，江苏全省常住人口7,998.6万人，比上年末增加22.3万人，增长0.3%。

[1] 江苏省统计局，国家统计局江苏调查总队.2016年江苏省国民经济和社会发展统计公报[DB/OL].江苏省统计局官方网站.网址：http://www.jssb.gov.cn/tjxxgk/xwyfb/tjgbfb/sjgb/201702/t20170227_299535.html。本节数据除另注者外，均引自该公报。

[2] 江苏省统计局，国家统计局江苏调查总队.江苏统计年鉴——2017[M].北京：中国统计出版社，2017.8：44。

在就业方面，2016 年末，全省就业人口 4,756.22 万人（2015 年末为 4,758.5 万人，减少 2.28 万人，减幅 0.5%[1]），第一产业就业人口 841.85 万人，第二产业就业人口 2,045.17 万人，第三产业就业人口 1,869.2 万人。城镇地区就业人口 3,126.26 万人。

在收入方面，根据城乡一体化住户抽样调查，2016 年全年全省居民人均可支配收入 32,070 元，比上年增长 8.6%。按常住地分，城镇居民人均可支配收入 40,152 元，增长 8.0%；农村居民人均可支配收入 17,606 元，增长 8.3%。全省居民人均消费支出 22,130 元，比上年增长 7.7%。

在消费方面，全年居民消费价格比上年上涨 2.3%，其中城市上涨 2.4%，农村上涨 1.8%。分类别看，食品烟酒上涨 3.8%，衣着上涨 1.8%，居住上涨 1.2%，生活用品及服务上涨 1.6%，交通和通信下降 1.2%，教育文化和娱乐上涨 0.9%，医疗保健上涨 9.1%，其他用品和服务上涨 2.7%。

以下是江苏与北京、上海、广东四地 2016 年的若干指标对比：

2016 年北京、上海、广东、江苏生产总值及人口对比表[2]

省份	生产总值（亿元）	地区生产总值在全国排名	年末常住人口（万人）	年末常住人口在全国排名
江苏	76,086.17	2	7,998.6	4
北京	24,899.26	12	2,172.9	26
上海	27,466.15	11	2,419.7	24
广东	79,512.05	1	10,999	1
全国	744,127	/	138,271	/

[1] 牟国义 . 江苏年鉴 2016[J]. 南京：江苏年鉴杂志社，2016.12:447。

[2] 据江苏省统计局，国家统计局江苏调查总队 . 江苏统计年鉴——2017[M]. 北京：中国统计出版社，2017.8：719。

第二节　2016 年度江苏的文物艺术

《江苏统计年鉴——2017》的数据显示，2016 年，江苏的文化、体育和娱乐业地区生产增加值为 795.79 亿元。[1]全省的艺术事业机构为 744 个，较 2015 年的 653 个增加 91 个，增幅 13.9%；艺术事业从业者为 161,532 人，较上一年度的 16,441 人增加 145,091 人，增幅高达 882.5%。艺术展览、创作机构与上年一样，都是 77 个；从业者则由上年的 683 人增加到 734 人，增幅 6.9%。

在艺术教育方面，中等专业学校由 2015 年的 14 个减少到 13 个，从业者由 700 人减少到 603 人；其他教育机构仍为 6 个，从业者则由 187 人增加到 201 人。

文化市场经营单位，由 2015 年的 17,240 个增加到 18,831 个，增幅 9.2%；从业者则由 96,708 人增加到 105,409 人，增幅约为 9%。

文艺科研单位，由 9 个减为 8 个，从业者则由 93 人增加到 101 人。

在文物事业方面，机构数由 2015 年的 423 个增加到 426 个，从业者则由 7,406 人增加到 7,805 人。其中部分情况见下表：

2015 年、2016 年江苏文物事业机构、人员数量统计表

	机构数（个）		从业人数（人）	
	2015	2016	2015	2016
文物保护管理机构	51	50	391	456
文物科研及其他	52	51	628	629
艺术类博物馆	61	63	701	679
文物商店	8	8	206	196

[1] 江苏省统计局，国家统计局江苏调查总队．江苏统计年鉴——2017[M]. 北京：中国统计出版社，2017.8：66。本节数据均引自该书，不另注。

而在群众艺术馆、文化馆站及公共图书馆方面，与艺术品相关的具体情况如下表：

2016 年江苏群众艺术馆、文化馆站及公共图书馆业务活动统计表

<table>
<tr><th>项目</th><th>群众艺术馆、文化馆</th><th>文化站</th><th>省级公共图书馆</th><th>县（市、区）级公共图书馆</th></tr>
<tr><td>单位数（个）</td><td>113</td><td>1,282</td><td colspan="2">114</td></tr>
<tr><td>举办展览（个）</td><td>1,510</td><td>7,275</td><td>61</td><td>809</td></tr>
<tr><td>举办培训班（个）</td><td>7,781</td><td>17,905</td><td>430</td><td>1,350</td></tr>
<tr><td>单位总支出（万元）</td><td>59,973</td><td>79,905</td><td>18,129</td><td>43,136</td></tr>
</table>

第二章 行业建设

2016年，文物艺术品拍卖市场法规政策的完善取得重要突破，国务院及各地、各有关部门以简政放权、放管结合、优化服务为宗旨，为文物艺术品拍卖营造了良好的政策环境。进一步放开文物艺术品市场，必将对今后一段时间文物艺术品拍卖市场的发展产生深远影响。

第一节　国家利好政策迭出

2016年是“十三五”规划的开局之年。在文物保护及文物艺术品流通方面，国务院及各有关部门、行业协会在常规工作之外，相继召开一系列重要会议、出台一系列重要措施。举其要者如下：

——1月4日，中国拍卖行业协会印发《关于贯彻落实最高人民法院〈关于加强和规范人民法院网络司法拍卖工作的意见〉的通知》，其中要求：认真做好文件精神的传达贯彻落实工作；做好中国拍卖行业协会网络拍卖平台的宣传、推广、介绍工作；积极开展行业自律，严格依照拍卖法律法规、标准和行业自律的规定，规范开展网络司法拍卖工作；充分发挥行业的整体服务优势，切实提高网络司法拍卖效率；建立组织机构和工作联系机制，负责与各级人民法院的协调、配合工作。[1]

——1月8日，中国拍卖行业协会文物艺术品拍卖专业委员会举办《文物保护法（送审稿）》研讨会。[2]

——1月18日，文化部印发在原《美术品经营管理办法》基础上修订而成、2015年12月17日部务会议审议通过、将于2016年3月15日起施行的《艺术品经营管理办法》，提出要在艺术市场建立明示担保制度、尽职调查制度、鉴定评估制度、信用监管制度、专家委员会制度等五个新制度。[3]

——1月21日，国务院法制办、中国法学会举办《文物保护法修订草案（送审稿）》专家研讨会。[4]

——2月3日，文化部公布《文化市场黑名单管理办法》。[5]

——2月14日，商务部流通业发展司召开部分省市拍卖行业主管部门座谈会。[6]

——2月24日，国务院总理李克强主持召开国务院常务会议。会议的一项重要内容，是部署加强文物保护和合理利用，传承文化根脉，凝聚民族精神。会议认为，文物是不可再生的历史文化资源，是国家文明的“金色名片”。加强文物保护、管理和合理利用，对传承和弘扬中华民族优秀传统文化，提升国民道德素养，增强民族凝聚力，具有重要意义。会议强调：一要重在保护；

[1] 关于贯彻落实最高人民法院《关于加强和规范人民法院网络司法拍卖工作的意见》的通知[EB/OL]. 中国拍卖行业协会官方网站. 网址：http://www.caa123.org.cn/caa/frontnc06NewsContent Action.do?method=previewContent&ID=11379。

[2] 商务部流通业发展司，文化部文化市场司，国家文物局博物馆与社会文物司（科技司），中国拍卖行业协会.2016中国文物艺术品拍卖市场统计年报[M]. 北京：中国拍卖行业协会.2017.8:116。

[3] 国务院公报2016年第13号[EB/OL]. 中华人民共和国中央人民政府官方网站. 网址：http://www.gov.cn/gongbao/content/2016/content_5070760.htm。

[4] 商务部流通业发展司，文化部文化市场司，国家文物局博物馆与社会文物司（科技司），中国拍卖行业协会.2016中国文物艺术品拍卖市场统计年报[M]. 北京：中国拍卖行业协会.2017.8:116。

[5] 商务部流通业发展司，文化部文化市场司，国家文物局博物馆与社会文物司（科技司），中国拍卖行业协会.2016中国文物艺术品拍卖市场统计年报[M]. 北京：中国拍卖行业协会.2017.8:116。

[6] 商务部流通业发展司，文化部文化市场司，国家文物局博物馆与社会文物司（科技司），中国拍卖行业协会.2016中国文物艺术品拍卖市场统计年报[M]. 北京：中国拍卖行业协会.2017.8:116。

二要强化管理和执法，健全文物登录制度，建立国家文物资源数据库；三要合理适度利用；四要加大政策支持，保障文物保护经费投入，探索设立文物保护保险产品，鼓励民间文物合法收藏，支持非国有博物馆发展；五要大力培养文博、文物保护修复等人才。[1]

——2 月 25 日，全国文物拍卖管理工作座谈会在广州召开，国家文物局有关领导及商务部、国家工商行政管理总局的代表与会。会议就进一步解放思想，创新机制，担当责任，协调合作，推动文物拍卖健康、规范、有序发展，满足公众基本的文物收藏鉴赏需求提出了明确要求：一是严格按照法定程序和条件，切实加强文物拍卖资质管理，通过开展年审等工作，促进文物拍卖企业优胜劣汰，提升行业整体发展水平；二是将文物安全和市场秩序规范置于首要位置，认真履行文物拍卖标的审核备案职责；三是大力加强省级文物行政部门管理机构和文物拍卖标的审核队伍建设，完善文物拍卖专业人员管理机制，不断提高文物拍卖专业素养；四是积极推进文物拍卖诚信体系建设，建立企业及专业人员诚信记录库和失信惩戒制度，营造守法经营、公平竞争、规范守信的文物市场秩序；五是加快转变政府职能，提高办事效率，为企业排忧解难，同时鼓励民间合法收藏行为，规范文物鉴定经营活动，培育和支持行业组织开展自律工作，为文物拍卖发展创造良好的外部空间。[2]

——3 月 4 日，《国务院关于进一步加强文物工作的指导意见》（国发〔2016〕17 号）公布，围绕当前文物工作中存在的突出问题，在落实责任、加强保护、拓展利用、严格执法等方面作出部署，提出要“鼓励民间合法收藏文物”、“切实加强文物市场和社会文物鉴定的规范管理，积极促进文物拍卖市场健康发展。”[3]

——3 月 9 日，国家文物局印发施行《文物拍卖标的审核办法》，规定文物拍卖标的由省级文物行政部门负责审核，拍卖企业需在文物拍卖公告发布前 20 个工作日提出文物拍卖标的审核申请，省级文物行政部门应于 20 个

[1] 李克强主持召开国务院常务会议 [N/OL]. 国家文物局官方网站 . 网址：http://www.sach.gov.cn/art/2016/2/25/art_722_128619.html。

[2] 全国文物拍卖管理工作座谈会在广州召开 [N/OL]. 国家文物局官方网站 . 网址：http://www.sach.gov.cn/art/2016/3/8/art_722_128916.html。

[3] 国务院关于进一步加强文物工作的指导意见 [EB/OL]. 国家文物局官方网站 . 网址：http://www.sach.gov.cn/art/2016/3/8/art_722_128912.html。

工作日内做出相应的审核决定。除了上拍前审批，拍卖企业亦需要在文物拍卖图录的显著位置登载文物拍卖的审核决定或者决定文号。拍卖会结束后30个工作日内，拍卖企业需按照《中华人民共和国文物保护法实施条例》第四十三条相关规定，将文物拍卖记录报省级文物行政部门备案。[1]

——3月9日，国家发展改革委发布了2016年文化领域改革发展重点任务，其中包括：加快推进文化产业发展；推动文化创意和设计服务进一步对外开放，产业做大做强；继续支持有条件的文化企业上市融资或发行债券，支持重点文化企业的海外投资项目，加强对文化领域境外投资的风险防范。[2]

——3月16日，十二届全国人大四次会议表决通过《中华人民共和国慈善法》，由国家主席习近平签发公布，9月1日起施行。这部法律明确将拍卖作为一种筹资形式写入法律，为拍卖服务慈善事业发展提供了法律基础。[3]

——3月23日，财政部、国家税务总局发布《关于全面推开营业税改征增值税试点的通知》及有关配套的一系列文件。拍卖行业告别营业税，由此全面进入“增值税”时代。“营改增”全面推开后，拍卖行业作为销售服务类现代服务，被归为商务辅助服务型的经纪代理服务项纳税人。这一税制调整，在简化拍卖企业税种、明确纳税链条、加强税收监管等方面产生了积极影响。但另一方面，在实践中，由于各地对政策理解不一、实施细则有待明确等问题，一些地方拍卖企业在“营改增”推进的过程中，也遇到了诸如将拍卖企业代收转付的标的价款作为纳税税基等情况。[4]

——3月24日，文化部印发《关于贯彻实施〈艺术品经营管理办法〉的通知》。[5]

[1] 关于印发《文物拍卖标的审核办法》的通知[DB/OL]. 国家文物局官方网站. 网址：http://www.sach.gov.cn/art/2016/3/9/art_1327_128977.html。

[2] 国家发展改革委明确今年文化领域改革发展六大重点[N/OL]. 国家文物局官方网站. 网址：http://www.sach.gov.cn/art/2016/3/14/art_722_129106.html。

[3] 中华人民共和国慈善法（主席令第四十三号）[DB/OL]. 中国政府网. 网址：http://www.gov.cn/zhengce/2016-03/19/content_5055467.htm。

[4] 关于全面推开营业税改征增值税试点的通知[DB/OL]. 财政部官方网站. 网址：http://szs.mof.gov.cn/zhengwuxinxi/zhengcefabu/201603/t20160324_1922515.html。

[5] 商务部流通业发展司，文化部文化市场司，国家文物局博物馆与社会文物司（科技司），中国拍卖行业协会.2016中国文物艺术品拍卖市场统计年报[M]. 北京：中国拍卖行业协会.2017.8:116。

——3 月 25 日，国务院法制办召开追续权论证会。[1]

——4 月 12 日，全国文物工作会议在北京召开。中共中央总书记、国家主席、中央军委主席习近平对文物工作作出重要指示，强调，文物承载灿烂文明，传承历史文化，维系民族精神，是老祖宗留给我们的宝贵遗产，是加强社会主义精神文明建设的深厚滋养。保护文物功在当代、利在千秋。他指出，近年来，我国文物事业取得很大发展，文物保护、管理和利用水平不断提高。但也要清醒看到，我国是世界文物大国，又处在城镇化快速发展的历史进程中，文物保护工作依然任重道远。习近平强调，各级党委和政府要增强对历史文物的敬畏之心，树立保护文物也是政绩的科学理念，统筹好文物保护与经济社会发展，全面贯彻“保护为主、抢救第一、合理利用、加强管理”的工作方针，切实加大文物保护力度，推进文物合理适度利用，使文物保护成果更多惠及人民群众。各级文物部门要不辱使命，守土尽责，提高素质能力和依法管理水平，广泛动员社会力量参与，努力走出一条符合国情的文物保护利用之路，为实现“两个一百年”奋斗目标、实现中华民族伟大复兴的中国梦作出更大贡献。中共中央政治局常委、国务院总理李克强也作出重要批示。中共中央政治局委员、国务院副总理刘延东出席会议并发表讲话。[2]

——4 月 14 日，中拍协艺委会召开 2016 文化产业交流会。[3]

——4 月 15 日，中拍协艺委会召开 2016 中国文物艺术品拍卖市场年度峰会。[4]

——4 月 25 日，国家质量监督检验检疫总局、国家标准化管理委员会发布将于 11 月 1 日起实施的《网络拍卖规程》（代号：GB/T32674-2016）。这

[1] 商务部流通业发展司，文化部文化市场司，国家文物局博物馆与社会文物司（科技司），中国拍卖行业协会 .2016 中国文物艺术品拍卖市场统计年报 [M]. 北京：中国拍卖行业协会 .2017.8:116。

[2] 国家文物局印发关于学习贯彻习近平总书记、李克强总理重要指示批示和全国文物工作会议精神的通知 [N/OL]. 国家文物局官方网站 . 网址：http://www.sach.gov.cn/art/2016/4/13/art_722_129712.html。

[3] 商务部流通业发展司，文化部文化市场司，国家文物局博物馆与社会文物司（科技司），中国拍卖行业协会 .2016 中国文物艺术品拍卖市场统计年报 [M]. 北京：中国拍卖行业协会 .2017.8:116。

[4] 商务部流通业发展司，文化部文化市场司，国家文物局博物馆与社会文物司（科技司），中国拍卖行业协会 .2016 中国文物艺术品拍卖市场统计年报 [M]. 北京：中国拍卖行业协会 .2017.8:116。

是网络拍卖行业的首个国家标准，对网络拍卖的一系列标准动作做出了规定，使互联网拍卖行为有章可循。它的出台是行业规范发展的需要，弥补了网络拍卖法律法规滞后的漏洞，解决了买卖双方合法权益缺少保护的问题。

——4 月 25 日，文化部文化市场司印发《关于开展艺术品经营单位调查摸底工作的通知》。[1]

——4 月 27 日，国务院总理李克强主持召开国务院常务会议，确定推动文化文物单位文化创意产品开发的措施，提升社会文明水平和国家软实力。[2]

——4 月 27 日，文化部文化市场司召开艺术品行业座谈会。[3]

——5 月 5 日，国家文物局在京召开鼓励民间合法收藏文物工作座谈会。国家文物局有关领导表示，国家文物局将在广泛征求意见的基础上，积极回应社会关切，在文物经营、文物鉴定、执法监督、宣传引导等方面研究、制定相关政策措施，积极鼓励支持民间合法收藏文物。[4]

——5 月 11 日，国务院办公厅转发文化部、国家发展改革委、财政部、国家文物局《关于推动文化文物单位文化创意产品开发若干意见的通知》(国办发〔2016〕36 号)，对推动博物馆、美术馆、图书馆等文化文物单位文化创意产品开发工作作出部署。[5]

——5 月 24 日，国家标准委办公室、商务部办公厅印发《关于进一步推进国内贸易流通体制改革标准化工作的通知》。[6]

---

[1] 商务部流通业发展司，文化部文化市场司，国家文物局博物馆与社会文物司（科技司），中国拍卖行业协会 .2016 中国文物艺术品拍卖市场统计年报 [M]. 北京：中国拍卖行业协会 .2017.8:116。

[2] 李克强主持召开国务院常务会议 [N/OL]. 国家文物局官方网站 . 网址：http://www.sach.gov.cn/art/2016/4/28/art_722_130238.html。

[3] 商务部流通业发展司，文化部文化市场司，国家文物局博物馆与社会文物司（科技司），中国拍卖行业协会 .2016 中国文物艺术品拍卖市场统计年报 [M]. 北京：中国拍卖行业协会 .2017.8:116。

[4] 国家文物局召开鼓励民间合法收藏文物工作座谈会 [N/OL]. 国家文物局官方网站 . 网址：http://www.sach.gov.cn/art/2016/5/9/art_722_130705.html。

[5] 国务院办公厅转发文化部等部门关于推动文化文物单位文化创意产品开发若干意见的通知 [N/OL]. 国家文物局官方网站 . 网址：http://www.sach.gov.cn/art/2016/5/16/art_722_130869.html。

[6] 商务部流通业发展司，文化部文化市场司，国家文物局博物馆与社会文物司（科技司），中国拍卖行业协会 .2016 中国文物艺术品拍卖市场统计年报 [M]. 北京：中国拍卖行业协会 .2017.8:116。

——6月8日，为切实贯彻《国务院关于进一步加强文物工作的指导意见》，国家文物局局长刘玉珠、副局长关强率领相关司室负责人，走访了中国嘉德国际拍卖有限公司和北京华辰拍卖有限公司，并在北京市文物局召开了文物拍卖市场调研座谈会。据称，针对广受关注的“降低企业税收”“调整企业资质条件”“简化报批程序”“健全文物拍卖法规”等问题，国家文物局将在广泛征求意见的基础上，进一步开展调查研究，以加强文物市场和社会文物鉴定的规范管理，积极促进文物市场的健康发展。[1]

——年中，中央文明办在《关于商请将文物工作纳入全国文明城市测评体系的函》的复函中表示，将进一步把文物工作作为文明城市创建的重要内容，纳入文明城市测评的指标项目，强化对文物工作的指标要求。[2]

——年中，国家文物局决定从2016年8月起至2018年12月，在全国范围部署开展“文物法人违法案件专项整治行动（2016—2018年）”，严肃查处由机关、团体、企业、事业单位实施的文物违法犯罪案件，纠正违法行为，完善工作机制，加大惩治力度，坚决遏制文物法人违法案件高发态势，切实提升文物工作法治化水平。[3]

——8月2日，最高人民法院公布《关于人民法院网络司法拍卖若干问题的规定》，自2017年1月1日起施行。其中明确实施网络司法拍卖的主体为人民法院，由最高人民法院统一建立全国性网络服务提供者名单库等一系列问题。由此，司法拍卖政策在调整中由2015年底再次明确“委托拍卖为主”转向“法院自行拍卖为主”，出现了较大转向，对拍卖企业的司法委托拍卖业务造成了重大影响。[4]

——8月23日，商务部流通业发展司、文化部文化市场司、国家文物局博物馆与社会文物司（科技司）、中国拍卖行业协会发布《2015中国文物艺术品拍卖市场统计年报》；中国拍卖行业协会、Artnet发布《2015中国文物艺术

---

[1] 国家文物局在京调研文物拍卖市场 [N/OL]. 国家文物局官方网站 . 网址：http://www.sach.gov.cn/art/2016/6/8/art_722_131542.html。

[2] 中央文明办将文物工作纳入全国文明城市测评体系 [N/OL]. 国家文物局官方网站 . 网址：http://www.sach.gov.cn/art/2016/8/1/art_722_132693.html。

[3] 国家文物局部署开展“文物法人违法案件专项整治行动（2016—2018年）”[N/OL]. 国家文物局官方网站 . 网址：http://www.sach.gov.cn/art/2016/8/11/art_722_132892.html。

[4] 最高人民法院关于人民法院网络司法拍卖若干问题的规定 [DB/OL]. 最高人民法院官方网站 . 网址：http://www.court.gov.cn/fabu-xiangqing-24391.html。

品全球拍卖统计年报》；中拍协艺委会、《中国拍卖》杂志社举办首届中国文物艺术品拍卖排行榜（青花奖）颁奖典礼。[1]

——秋，国家文物局印发《关于促进文物合理利用的若干意见》，提出，通过扩大文物资源社会开放度、促进馆际交流提高藏品利用率、加强革命文物展示利用、创新利用方式，落实文化创意产品开发政策、鼓励社会力量参与等措施，切实让文物活起来。[2]

——9 月 28 日，国家文物局第 28 次党组会议审议通过《文物拍卖管理办法》，于 10 月 20 日公布施行。该文件是对《文物拍卖管理暂行规定》及相关规范性文件的全面修订，围绕“简政放权、放管结合、优化服务”这一主线，旨在厘清政府与市场的关系，在加强规范管理、确保文物安全的前提下，激发企业经营活力，推动文物拍卖活跃有序发展。《办法》明确了文物拍卖管理的范围、文物拍卖经营许可审批的条件和程序、文物拍卖标的审核备案的要求、国家优先购买权行使的方法、文物拍卖企业及专业人员信用信息记录等内容。《办法》不再规定文物拍卖经营资质分类管理，不再区分第一、二、三类文物拍卖经营范围，文物拍卖企业可以全门类拍卖文物。《办法》适应“互联网 +”的时代特征，不再对互联网文物拍卖资质进行专门审批，所有取得文物拍卖资质的拍卖企业均可依法从事互联网文物拍卖活动。文物行政部门将加强文物拍卖规范管理，支持守法诚信企业做大做强，依法查处违法违规经营行为，营造良好的文物拍卖市场环境，为公众提供更好的文物收藏鉴赏服务。[3]

——10 月 18 日，国家工商总局市场规范管理司、商务部流通业发展司、中国拍卖行业协会召开“拍卖人及其工作人员代理竞买人参与竞买问题”座谈会。[4]

[1] 商务部流通业发展司，文化部文化市场司，国家文物局博物馆与社会文物司（科技司），中国拍卖行业协会 .2016 中国文物艺术品拍卖市场统计年报 [M]. 北京：中国拍卖行业协会 .2017.8:117。

[2] 国家文物局印发《关于促进文物合理利用的若干意见》[N/OL]. 国家文物局官方网站 . 网址：http://www.sach.gov.cn/art/2016/10/21/art_722_134317.html。

[3] 国家文物局印发《文物拍卖管理办法》[N/OL]. 国家文物局官方网站 . 网址：http://www.sach.gov.cn/art/2016/11/3/art_722_134610.html。

[4] 商务部流通业发展司，文化部文化市场司，国家文物局博物馆与社会文物司（科技司），中国拍卖行业协会 .2016 中国文物艺术品拍卖市场统计年报 [M]. 北京：中国拍卖行业协会 .2017.8:117。

——10 月 28 日，国家工商行政管理总局印发《关于〈拍卖监督管理办法（征求意见稿）〉公开征求意见的公告》，其中公布了对根据 2013 年 1 月 5 日国家工商行政管理总局令第 59 号修订、2013 年 3 月 1 日起施行的《拍卖监督管理办法》的修改稿。[1]

——11 月 10 日，由联合国教科文组织、中国联合国教科文组织全国委员会、国家文物局、深圳市人民政府联合主办的“国际博物馆高级别论坛”在深圳开幕。习近平主席发来贺信，对论坛召开表示热烈祝贺。中央政治局委员、国务院副总理刘延东宣读贺信并致辞。中央政治局委员、广东省委书记胡春华出席论坛开幕式。[2]

——12 月 8 日，中国拍卖行业协会五届三次理事会审议通过并公布实施《拍卖企业等级评估管理暂行办法》。[3]

——12 月 10 日，全国文物科技工作会议在北京召开。会议发布了《国家“十三五”文化遗产保护与公共文化服务科技创新规划》和《“互联网 + 中华文明”三年行动计划》。[4]

——12 月 19 日，国务院关税税则委员会发布《关于 2017 年关税调整方案的通知》（2017 年 1 月 1 日起实施），其中将油画、粉画及其他手绘画原件，雕版画、印制画、石印画的原本，各种材料制的雕塑品原件等三个税目的艺术品关税暂行税率再次减半，降至 3%（正常税率为 12%，2012—2016 年暂调至 6%）。[5] 而在半年前的 6 月，国家文物局委托中国拍卖行业协会开展相关国家文物进口税的调研工作。其后，中拍协对美国、英国、法国三国及我国香港、台湾两地的文物艺术品进口税政策，及其对当地文物保护、文物回流、

[1] 国家工商行政管理总局印发《关于〈拍卖监督管理办法（征求意见稿）〉公开征求意见的公告》[DB/OL]. 中华人民共和国中央人民政府官方网站 . 网址：http://www.gov.cn/xinwen/2016-10/28/content_5125648.htm。

[2] 国际博物馆高级别论坛在深圳举行 [N/OL]. 国家文物局官方网站 . 网址：http://www.sach.gov.cn/art/2016/11/11/art_722_134917.html。

[3] 关于印发《拍卖企业等级评估管理暂行办法》的通知 [DB/OL]. 中国拍卖行业协会官方网站 . 网址：http://www.caa123.org.cn/frontnc06NewsContentAction.do?method=previewContent&ID=12966。

[4] 创新驱动　谱写新篇 全国文物科技工作会议在京召开 [N/OL]. 国家文物局官方网站 . 网址：http://www.sach.gov.cn/art/2016/12/10/art_722_135648.html。

[5] 国务院关税税则委员会关于 2017 年关税调整方案的通知 [DB/OL]. 财政部官方网站 . 网址：http://gss.mof.gov.cn/zhengwuxinxi/zhengcefabu/201612/t20161223_2498029.html。

文物艺术品市场发展等方面的影响进行了调研，最终提出进一步完善我国文物进口税政策的建议。[1]

——12月30月，国务院办公厅印发《关于有序停止商业性加工销售象牙及制品活动的通知》(国办发〔2016〕103号)，主要内容是：一，分期分批停止商业性加工销售象牙及制品活动，2017年12月31日前全面停止。二，积极引导象牙雕刻技艺转型。三，严格管理合法收藏的象牙及制品。禁止在市场摆卖或通过网络等渠道交易象牙及制品。对来源合法的象牙及制品，可依法加载专用标识后在博物馆、美术馆等非销售性场所开展陈列、展览等活动，也可依法运输、赠与或继承；对来源合法、经专业鉴定机构确认的象牙文物，依法定程序获得行政许可后，可在严格监管下拍卖，发挥其文化价值。四，加强执法监管和宣传教育。[2]

第二节　江苏行业建设扎实推进

2016年，江苏在文物保护及文物艺术品拍卖方面的工作也在扎实推进。

首先是《江苏省“十三五”文物事业发展规划》由江苏省发展和改革委员会、江苏省文物局于8月18日编制印发。《规划》贯彻《国务院关于进一步加强文物工作的指导意见》《江苏省国民经济和社会发展第十三个五年规划纲要》和国家文物保护中长期(2016—2020)发展规划纲要、《国家文物事业发展“十三五”规划》，结合江苏实际，对今后五年江苏文物事业发展做出了

[1] 商务部流通业发展司，文化部文化市场司，国家文物局博物馆与社会文物司(科技司)，中国拍卖行业协会.2016中国文物艺术品拍卖市场统计年报[M].北京：中国拍卖行业协会，2017:59。

[2] 国务院办公厅关于有序停止商业性加工销售象牙及制品活动的通知[DB/OL].中华人民共和国中央人民政府官方网站.网址：http://gss.mof.gov.cn/zhengwuxinxi/zhengcefabu/201612/t20161223_2498029.html。

全面谋划和科学安排。[1]

其次，9 月 30 日，江苏省人民政府印发经省政府常务会议审议通过的《关于进一步加强文物工作的实施意见》。《意见》贯彻习近平总书记、李克强总理关于加强文物保护的重要指示批示和习近平总书记视察江苏重要讲话精神，以国务院《关于进一步加强文物工作的指导意见》和全国文物工作会议精神为指导，对“十三五”江苏文物工作作出全面部署。《意见》特别提出，鼓励社会力量参与文物保护，推广政府和社会资本合作（PPP）模式，引导社会力量参与产品研发、生产和经营，建立文物保护和博物馆服务志愿者及民间义务文保员队伍，规范民间合法收藏文物，支持社会力量依法设立博物馆，建立文物重要决策和重大方案专家论证和公众参与制度，提高文物保护透明度和参与度，形成全社会共同参与的良好局面。[2]

再次，10 月 26 日，江苏省人民政府在镇江召开全省文物工作会议，贯彻习近平总书记、李克强总理重要指示批示和全国文物工作会议精神，总结交流近年来全省文物工作情况，研究部署“十三五”时期文物事业发展任务。省委书记李强、省长石泰峰对江苏省文物工作分别作出批示，副省长张敬华出席会议并讲话。[3]

而在区域合作方面，11 月中旬，江苏省文物局联合浙江省文物局、上海市文化市场行政执法总队在江苏丹阳召开第七届江浙沪文物行政执法联席会议。会议对七年来江浙沪文物行政执法合作工作进行了总结和探讨，还特别邀请了湖南、陕西、贵州、广西、甘肃、宁夏等地的相关人士进行观摩交流。[4]

科研方面，8 月 11 日，江苏省文物局承担的《文物行政执法与刑事司法衔接制度研究》课题通过国家文物局验收。本课题形成了缜密详实的研究报告，同时拟订了《文物行政执法与刑事司法衔接工作规定》，切合当前文物

---

[1] 江苏省发改委、文物局联合印发“十三五”文物事业发展规划 [N/OL]. 国家文物局官方网站 . 网址：http://www.sach.gov.cn/art/2016/9/29/art_722_133826.html。

[2] 江苏省政府印发《关于进一步加强文物工作的实施意见》[N/OL]. 国家文物局官方网站 . 网址：http://www.sach.gov.cn/art/2016/10/13/art_722_134123.html。

[3] 省政府在镇江召开全省文物工作会议 [N/OL]. 江苏省文物局官方网站 . 网址：http://www.jsww.gov.cn/art/2016/10/27/art_3_30020.html。

[4] 第七届江浙沪文物行政执法联席会议在江苏丹阳召开 [N/OL]. 国家文物局官方网站 . 网址：http://www.sach.gov.cn/art/2016/11/17/art_722_135094.html。

执法工作实际，具有较强的针对性、指导性、可操作性。[1] 12月，南京艺术学院艺术市场实验中心与南京十竹斋画院赵力工作室联合编撰、顾颖主编的《2015江苏文物艺术品拍卖市场研究报告》一书由江苏凤凰美术出版社正式出版。该书十余万字，在对2014、2015两个年度的江苏全省文物艺术品拍卖市场的数十万条数据进行采集、整理、分析的基础上，以文字、图表等形式，对2015年江苏文物艺术品拍卖市场进行了全景呈现，既全面梳理、分析、总结了2015年江苏文物艺术品拍卖市场的内部情况，又从比较研究的角度对江苏省与京港沪等文物艺术品拍卖业发达地区、本年度与上一年度进行了深入细致的对比分析，还对拍卖机构成交总额、中国古代书画成交价、中国近现代书画成交价、中国当代书画成交价、青年书画家作品上拍件数、青年书画家作品成交价总额、本省书画家作品成交价总额及成交单价、瓷器成交价、玉器成交价、古典家具成交价等进行了排名，更附录了2015年江苏省内举办过的近400场重要书画展览，既探究了传统线下拍卖的情况，又将研究视阈扩大到了新兴的线上拍卖，内容深入、详实，形式生动、直观。有评论指出，这是江苏省这一领域的第一份研究报告，具有开创之功；全书的分析全部建立在数据基础上，研究路径选取科学，令人信服。

在常规管理工作中，以有关拍卖企业的审批审核最受关注。

鉴于江苏省人民政府已印发《关于取消和调整一批行政审批项目等事项的决定》（苏政发[2016]117号），将拍卖审批权限委托下放到各设区市、省直管县（市）商务行政主管部门，11月7日，江苏省商务厅印发《关于下放拍卖审批事项的通知》，宣布企业申请从事拍卖业务的许可、变更（含变更机构名称、法定代表人、住所、注册资本及股权结构等）由地方商务部门负责审批，并报省商务厅备案。[2] 11月18日，该厅审批处举办全省典当、拍卖下放业务培训会议，认真落实省政府关于进一步取消和调整审批事项的

[1] 江苏省文物局承担的《文物行政执法与刑事司法衔接制度研究》课题通过国家文物局验收[N/OL]. 江苏省文物局官方网站 . 网址：http://www.jsww.gov.cn/art/2016/8/12/art_3_28592.html。

[2] 省商务厅关于下放拍卖审批事项的通知[DB/OL]. 江苏省商务厅官方网站 . 网址：http://www.jiangsudoc.gov.cn/NewsDetail.asp?NewsID=75170。

文件精神，部署全省典当、拍卖审批事项下放工作，对典当、拍卖审批业务进行深入解读与辅导，以确保地方商务部门承接下放事项做到“接得住、管得好”。[1]

根据有关法律法规规定，江苏省文物局组织开展了2014至2015年度《文物拍卖许可证》年审工作，对省内27家文物拍卖企业报审材料进行了审核。结果是：23家企业年审合格，其《文物拍卖许可证》于近期发还（23家企业为：江苏省实成拍卖有限公司、南京正大拍卖有限公司、江苏省拍卖总行有限公司、苏州东方艺术品拍卖有限公司、江苏嘉恒国际拍卖有限公司、南京十竹斋拍卖有限公司、苏州市吴门拍卖有限公司、江苏聚德拍卖有限公司、江苏爱涛拍卖有限公司、江苏淮海拍卖有限公司、南京经典拍卖有限公司、江苏中山拍卖有限公司、南京嘉信拍卖有限公司、江苏真德拍卖有限公司、江苏沧海拍卖有限公司、江苏五爱拍卖有限公司、江苏九德拍卖有限公司、江苏景宏国际拍卖有限公司、江苏凤凰拍卖有限公司、江苏龙城拍卖有限公司、江苏两汉拍卖有限公司、江苏五彩石拍卖有限公司、南京海德国际拍卖有限公司）；无锡阳羡拍卖有限公司、江苏旷世国际拍卖有限公司、江苏苏天拍卖有限公司、江苏天诚拍卖有限公司在人员聘用或（和）文物拍卖经营等方面存在问题，须于三个月内进行整改，整改期内其文物拍卖经营资质暂停。[2]

此外，2016年3月，江苏真德拍卖有限公司、江苏凤凰国际拍卖有限公司、江苏九德拍卖有限公司获得第一类文物拍卖经营资质；江苏观宇艺术品拍卖有限公司、荣宝斋（南京）拍卖有限公司获得第二、三类文物（第二类文物：书画、古籍、邮品、钱币、手稿、文献资料等；第三类文物：竹、漆、木器、家具、纺织品等）拍卖经营资质。是年，江苏聚德拍卖有限公司《文物拍卖许可证》住所变更；新增注册资本1,000万元的江苏点购网拍卖有限公司（盐城）、江苏恒创拍卖有限公司（无锡）、江苏佳丽得拍卖有限公司（镇江）、江

[1] 我厅举办全省典当、拍卖下放业务培训会议[N/OL]. 江苏省商务厅官方网站. 网址：http://www.jiangsudoc.gov.cn/NewsDetail.asp?NewsID=75546。

[2] 江苏省文物局召开文物拍卖企业年审情况通报会[N/OL]. 江苏省文物局官方网站. 网址：http://www.jsww.gov.cn/art/2016/8/2/art_3_28362.html。

苏众汇拍卖有限公司（连云港）、江苏中博拍卖有限公司（南京）、江苏观宇艺术品拍卖有限公司（宜兴）；北京东正拍卖有限公司南京分公司则于1月25日公告注销。

第三章 2016江苏文物艺术品拍卖市场总体研究

商务部流通业发展司、文化部文化市场司、国家文物局博物馆与社会文物司（科技司）及中国拍卖行业协会2017年8月联合发布的《2016中国文物艺术品拍卖市场统计年报》显示，2016年度，江苏省登记在册的文物艺术品拍卖企业为30家。[1]经逐一联系确认，参与本书数据采集的线下文物艺术品拍卖企业共14家。这14家是（以拼音为序）：

［1］商务部流通业发展司，文化部文化市场司，国家文物局博物馆与社会文物司（科技司），中国拍卖行业协会.2016中国文物艺术品拍卖市场统计年报[M].北京：中国拍卖行业协会.2017.8:10。

纳入本书研究的江苏线下文物艺术品拍卖企业

拍卖企业	本书简称
江苏爱涛拍卖有限公司	爱涛
江苏沧海拍卖有限公司	沧海
江苏凤凰国际拍卖有限公司	凤凰
江苏海德国际拍卖有限公司	海德
江苏嘉恒国际拍卖有限公司	嘉恒
江苏聚德拍卖有限公司	聚德
江苏磊峰拍卖有限公司	磊峰
江苏两汉拍卖有限公司	两汉
江苏龙城拍卖有限公司	龙城
江苏侨信拍卖有限公司	侨信
江苏盛得拍卖有限公司	盛得
南京经典拍卖有限公司	经典
南京十竹斋拍卖有限公司	十竹斋
南京正大拍卖有限公司	正大

未参与本书数据采集，而纳入《2016中国文物艺术品拍卖市场统计年报》的江苏文物艺术品拍卖企业有：无锡阳羡拍卖有限公司，江苏九德拍卖有限公司，江苏天诚拍卖有限公司，江苏五爱拍卖有限公司，江苏五彩石拍卖有限公司，江苏中山拍卖有限公司，江苏苏天拍卖有限公司，江苏旷世国际拍卖有限公司，江苏省拍卖总行有限公司，江苏省实成拍卖有限公司，江苏真德拍卖有限公司，江苏淮海拍卖有限公司，江苏景宏国际拍卖有限公司，苏州东方艺术品拍卖有限公司，苏州市吴门拍卖有限公司，南京嘉信拍卖有限公司，江苏观宇艺术品拍卖有限公司，荣宝斋（南京）拍卖有限公司。

而《2016中国文物艺术品拍卖市场统计年报》一书显示，上述机构中，江苏五爱拍卖有限公司、江苏中山拍卖有限公司、江苏苏天拍卖有限公司、江苏两汉拍卖公司的填报数据均为0，无锡阳羡拍卖有限公司、江苏天诚拍卖有限公司、江苏五彩石拍卖有限公司、江苏旷世国际拍卖有限公司、江苏省拍卖总行有限公司、江苏景宏国际拍卖有限公司、江苏嘉恒国际拍卖有限公司、江苏聚德拍卖有限公司、江苏磊峰拍卖有限公司、荣宝斋（南京）拍卖有限公司则未报。

与我们编撰的《2015 江苏文物艺术品拍卖市场研究报告》一样，数据依然是本书研究的基石。2017 年春季，上述 14 家线下文物艺术品拍卖企业通过不尽相同的方式（如提示使用雅昌艺术网的记录或直接惠传电子表格），向我们提供了 2016 年度所上拍的万余件拍品的具体数据（每件拍品，都包括拍卖机构、拍卖年份、拍卖会、专场、图录号、作者、作品名称、作者所属地域、作者生卒年、创作年代、作品归类、尺寸面积重量、低估价、高估价、落槌价、成交价、成交单价及备注等），使本书的研究工作得以顺利展开。这些样本机构及其拍卖数据，或与构成已有的几种统计年报及年度研究报告[1]的基础数据有所差异，但对省内线下文物艺术品拍卖市场发展走势的判断与预测并不受其影响。需要说明的是，据我们观察，雅昌艺术网的记录（该网站发布的拍品基本信息，采自在雅昌公司印制图录的各拍卖机构的图录，未在该公司印制图录则一般不予发布；而其公布的成交数据，则通常由各拍卖企业在拍卖会后另行提供），有的会随着时日的迁移而有所变化。为便于研究工作的开展，我们只得继续使用业经采集写入、整理的数据，而没有时时随该网站数据的变化而更新。同样需要说明的是：我们仍然只是基于各拍卖企业提供的数据进行研究，而数据的真实性，以及成交以后是否确实进行了拍品交割、未成交作品是否又通过场下洽购等形式发生了交易，则不在本书的考察范围之内。鉴于各拍卖企业内部管理水平的高低不一，这些数据偶有要素缺失或相互抵牾之处，遇有此类情况，都尽可能通过查阅拍卖会图录及雅昌艺术网的记录等方式进行了补足或纠正。我们相信，基于最终呈现的海量数据所进行的分析研究，足以说明 2016 年度江苏省传统线下文物艺术品拍卖市场的一

[1] 其中包括：商务部流通业发展司、文化部文化市场司、国家文物局博物馆与社会文物司（科技司）、中国拍卖行业协会 2017 年 8 月发布的《2016 中国文物艺术品拍卖市场统计年报》；Artnet 与中国拍卖行业协会 2017 年 8 月联合发布的《中国文物艺术品全球拍卖统计年报 2016》；Artprice 与雅昌艺术市场监测中心（AMMA）2017 年 3 月联合发布的《2016 年度全球艺术市场报告》；雅昌艺术市场监测中心所发布的《雅昌中国艺术品拍卖市场调查报告（2016 年春季）》及《雅昌中国艺术品拍卖市场调查报告（2016 年秋季）》。

般情况。此外，为策应对江苏文物艺术品拍卖市场的研究，我们在书后附录了 2016 年江苏省内所举办的重要书画展览，虽经用力搜罗、详尽罗列，遗漏必然存在。这是需要请求读者谅解的。

第一节　宏观视角下的江苏文物艺术品拍卖市场态势

一、江苏线下文物艺术品拍卖市场总体态势

在将参与本书数据采集的 14 家拍卖企业 2014、2015、2016 年三个年度的拍卖数据进行对比分析后，我们发现，无论是从拍卖场次、成交量、成交率、成交总额或是其他比较要素来看，整个江苏线下文物艺术品拍卖市场在 2016 年依旧呈现低迷的态势。

1. 拍卖企业入市谨慎，合办拍卖会成为无奈之举

2014、2015、2016 年度江苏省文物艺术品拍卖会数量

拍卖企业	2014		2015		2016	
	拍卖会	场数	拍卖会	场数	拍卖会	场数
爱涛	春拍、秋拍	2	春拍	1	春拍、秋拍	2
沧海	春拍、秋拍	2	夏拍	1	春拍、秋拍	2
凤凰	春拍、秋季拍、秋拍	3	春拍、秋拍	2	春拍、秋拍	2
海德	/	/	春拍	1	春拍、秋拍	2
嘉恒	春拍、秋拍	2	春拍、秋拍	2	磊峰首拍（磊峰合办）	1
经典	春拍、秋拍	2	春拍、秋拍	2	春拍、秋拍	2
九德	秋拍、三周年庆、四季精品拍	3	秋拍	1	/	/
聚德	金秋拍、秋拍	2	秋拍	1	秋季联合拍卖会（十竹斋合办）	1
两汉	/	0	春拍、秋拍	2	四季拍	1
侨信	春拍、秋拍	2	春拍、秋拍	2	春拍、秋拍	2
盛得	春拍、秋拍、夏拍	3	春拍	1	春拍、秋拍	2
十竹斋	春拍、秋拍	2	春拍、秋拍	2	春拍、秋季联合拍卖会（聚德合办）	2
正大	春拍	1	迎春拍、春拍、秋拍	3	春拍、秋拍	2
磊峰	/	/	/	/	磊峰首拍（嘉恒合办）	1
龙城	/	/	/	/	秋拍	1
总计		24		21		21

在拍卖会数量上，2016 年与上一年度相同，但所涉企业由 13 家增加到 14 家（龙城乃新增研究样本），出现了两场拍卖会分别由两家拍卖公司合办的情况。所以合办，盖因有关部门规定文物艺术品拍卖企业每年必须举办拍卖会，而以一己之力举办势必亏损，为降低成本计，乃不得不如此。这是 2016 年江苏文物艺术品拍卖市场较之往年最大的不同，由是可见市场整体之低迷。

2. 近 3 年成交总额直线下降

根据所获得的数据，2016 年，江苏省传统线下文物艺术品拍卖市场共上拍 13,083 件作品，成交 8,346 件，成交率为 63.79%，成交总额为 115,452.7065 万元。各家企业成交情况如下：

2016 年江苏线下文物艺术品拍卖企业成交情况

拍卖企业	拍卖会场数	上拍件数	成交件数	成交率	成交总额（万元）
爱涛	2	1,888	1,056	55.93%	9,493.48
沧海	2	1,187	831	70.01%	10,433.3175
凤凰	2	706	650	92.07%	13,040.0155
海德	1	517	454	87.81%	3,639.7175
嘉恒、磊峰	1	529	284	53.69%	5,447.627
龙城	1	915	818	89.4%	3,468.1297
经典	2	1,425	1,312	92.07%	22,050.0764
两汉	1	454	229	50.44%	579.37435
侨信	2	703	500	71.12%	338.1504
盛得	2	657	397	60.43%	1,031.504
十竹斋、聚德	2	3,702	1,566	42.3%	20,817.1681
正大	3	400	249	62.25%	25,114.146
总计	21	13,083	8,346	63.79%	115,452.7065

2014、2015、2016 年江苏线下文物艺术品拍卖市场成交情况

拍卖情况	2014	2015	2016
上拍件数	16,254	12,330	13,083
成交件数	11,677	9,261	8,346
成交率	71.84%	75.11%	63.79%
成交总额（万元）	178,859.6996	151,524.2165	115,452.7065

由此可见，近 3 年，尽管上拍件数、成交率有所波动，成交总额却呈直线下降之势。

2014、2015、2016 年江苏线下文物艺术品拍卖市场成交总额

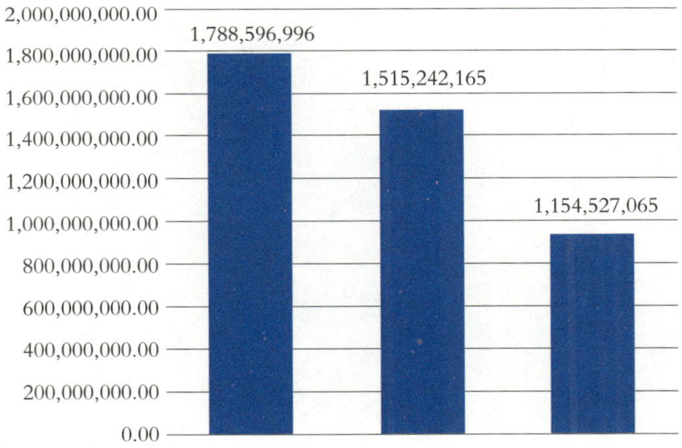

2014、2015、2016 年江苏线下文物艺术品拍卖市场总成交率

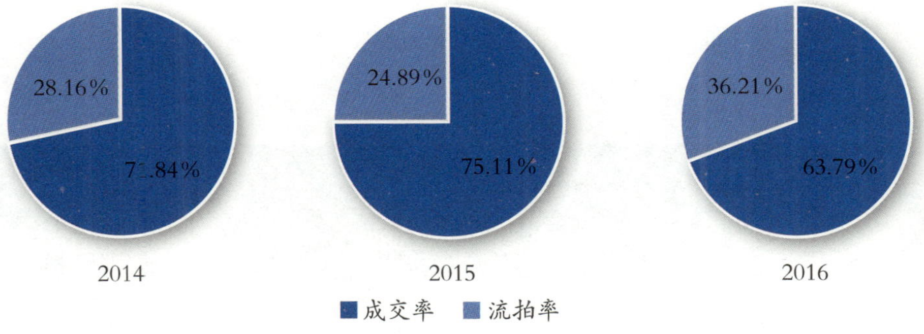

3. 成交价格区间分布：中低端市场仍为主流，高端市场继续萎缩

与 2016 年底由江苏凤凰美术出版社刊行的《2015 江苏文物艺术品拍卖市场研究报告》一样，在本书的研究中，我们仍然根据江苏省文物艺术品拍卖市场的实际情况，对成交价格区间做出了适合地域特性的划分，具体为：1000 万元以上为超高端，100—1000 万元为高端，10—100 万元为中端，10 万元以下为低端。省内 14 家拍卖企业的数据显示，不同价格区间的文物艺术品数量在 2016 年也发生了变化。

2016 年江苏线下文物艺术品拍卖市场拍品成交价格区间

拍卖企业	成交件数	价格区间 · 件数			
		0—10 万元	10—100 万元	100—1000 万元	1000 万元以上
爱涛	1,056	839	208	9	0
沧海	831	619	194	18	0
凤凰	650	478	150	21	1
海德	454	374	77	3	0
嘉恒磊峰	284	218	53	13	0
龙城	818	750	66	2	0
经典	1,312	930	344	37	1
两汉	229	217	12	0	0
侨信	500	497	3	0	0
盛得	397	383	14	0	0
十竹斋聚德	1,566	1,231	306	28	1
正大	249	164	72	10	3
总计	8,346	6,700	1,499	141	6
占比		80.28%	17.96%	1.69%	0.07%

2014、2015、2016 年江苏线下文物艺术品拍卖市场成交价格区间分布

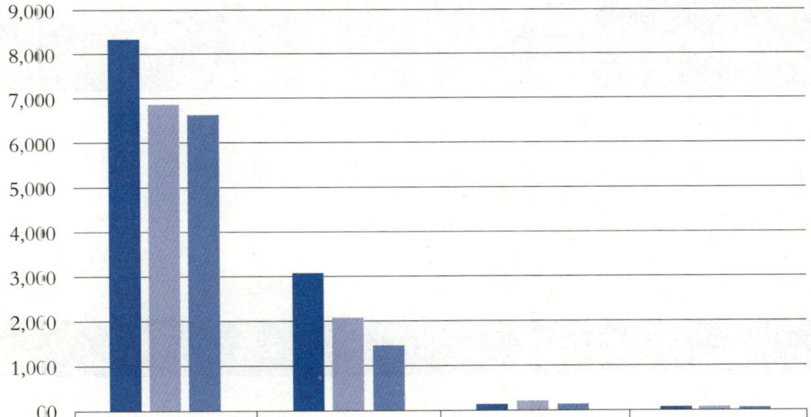

	0—10 万元	10—100 万元	100—1000 万元	1000 万元以上
2014 年	8,376	3,082	209	10
2015 年	6,896	2,136	221	8
2016 年	6,700	1,499	141	6

2014、2015、2016 年江苏线下文物艺术品拍卖市场成交价格区间分布

价格区间	2014		2015		2016	
	件数	占比	件数	占比	件数	占比
10 万元以下	8,376	71.73%	6,896	74.46%	6,700	80.28%
10—100 万元	3,082	26.39%	2,136	23.06%	1,499	17.96%
100—1000 万元	209	1.79%	221	2.39%	141	1.69%
1000 万元以上	10	0.09%	8	0.09%	6	0.07%
总计	11,677		9,261		8,346	

2014、2015、2016年江苏线下文物艺术品拍卖市场成交价格区间变化

价格区间	2014	2015		2016	
	件数	件数	与上年相比	件数	与上年相比
10万元以下	8,376	6,896	−17.67%	6,700	−2.84%
10—100万元	3,082	2,136	−30.69%	1,499	−29.82%
100—1000万元	209	221	+5.74%	141	−36.2%
1000万元以上	10	8	−20%	6	−25%
总计	11,677	9,261	−20.69%	8,346	−9.9%

数据显示，近3年，低、中端价格区间（0—10万元、10—100万元）的拍品成交件数分别是11,458件、9,032件、8,199件。2016年低、中端价格区间的拍品成交件数，与上两年相比分别减少了28.44%和9.22%。而高端价格区间（100—1000万元）则大幅下降，成交拍品件数与上两年相比分别减少了32.54%和36.2%。超高端价格区间（1,000万元以上）的文物艺术品成交件数，与上两年相比则分别减少了40%和25%。不难看出，江苏省内线下文物艺术品拍卖的主要构成部分为低、中端价位的作品。2016年度，尽管总成交件数与上年相比减幅不大，但中端、高端及超高端价位的作品成交件数都比上年减少了三成左右，10万元以下的低端价位作品则充当了“压舱石”。

而在拍品成交均价上，2016年为13.83万元，较上年减少2.53万元。

2016年，江苏文物艺术品拍卖市场上成交价在1,000万元以上的6件拍品如下：

2016年江苏线下文物艺术品拍卖市场超高价位拍品

序号	拍品	拍卖会	图录号	成交价
1	紫檀照壁	正大春拍	50	16,950万元
2	陆俨少《岭南胜游》	经典春拍	244	2,990万元
3	黄花梨朝服柜	正大春拍	25	2,260万元
4	御窑青花并蒂莲纹折沿盘	十竹斋春拍	1,370	1,207.5万元
5	和田籽玉原石	正大秋拍	173	1,118.7万元
6	宋文治《江南春晓》	凤凰秋拍	147	1,000.5万元

2014年江苏线下文物艺术品拍卖市场拍品成交价格区间分布比率

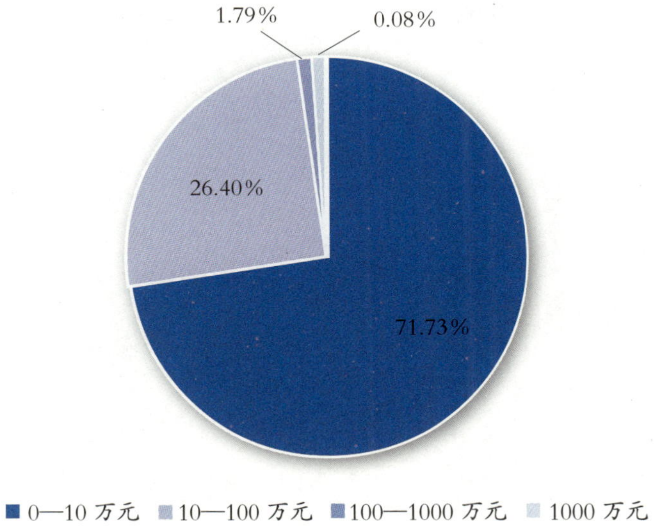

2015年江苏线下文物艺术品拍卖市场拍品成交价格区间分布比率

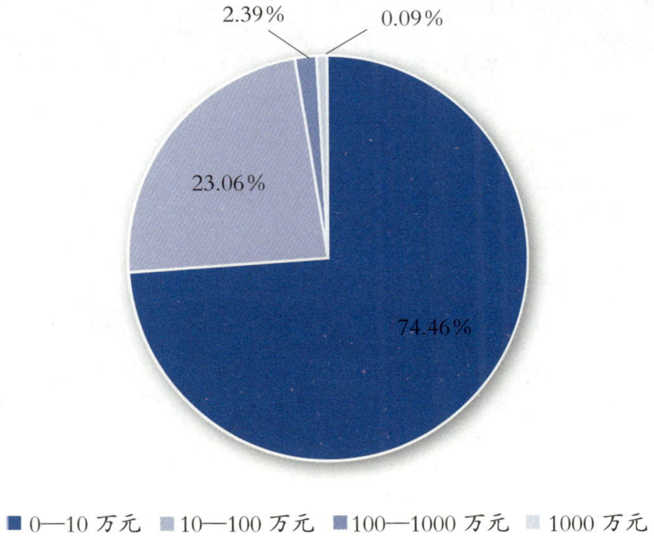

2016 年江苏线下文物艺术品拍卖市场拍品成交价格区间分布比率

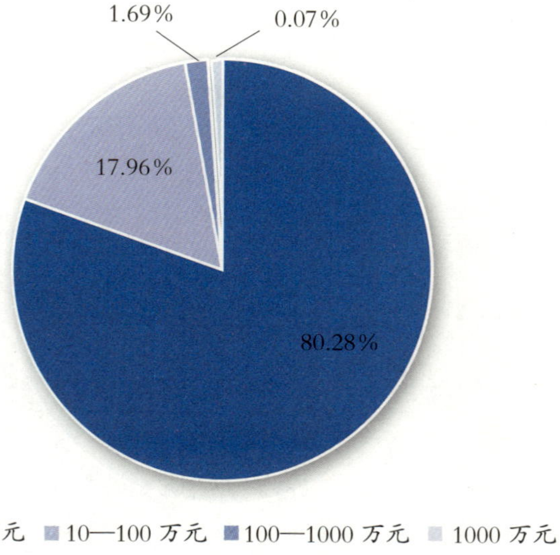

4. 拍品结构：中国书画依旧是江苏市场的主力

2014 年江苏线下文物艺术品拍卖市场拍品结构分布

拍卖企业	拍品分类·件数				
	中国书画	瓷玉杂项	油画及当代艺术	家具	酒
爱涛	753	1,663	104	15	0
沧海	1,239	2	4	0	0
凤凰	1,589	273	69	0	0
海德	0	0	0	0	0
嘉恒	933	601	0	0	0
经典	2,020	634	19	12	0
九德	1,743	40	5	0	0
聚德	813	3	3	0	0
两汉	0	0	0	0	0
侨信	573	3	116	0	0
盛得	1,217	1	5	0	0
十竹斋	1,091	0	0	0	0
正大	0	507	0	204	0
总计	11,971	3,727	325	231	0

2015 年江苏线下文物艺术品拍卖市场拍品结构分布

拍卖企业	拍品分类·件数				
	中国书画	瓷玉杂项	油画及当代艺术	家具	酒
爱涛	538	1,234	17	0	0
沧海	367	130	0	1	0
凤凰	1,070	8	3	0	0
海德	590	1	12	0	0
嘉恒	700	215	0	0	0
经典	1,679	73	9	0	88
九德	486	0	3	0	0
聚德	662	3	0	0	0
两汉	1,111	2	2	0	0
侨信	639	47	99	0	0
盛得	186	0	7	0	0
十竹斋	1,300	35	0	0	107
正大	0	692	0	214	0
总计	9,328	2,440	152	215	195

2016年江苏线下文物艺术品拍卖市场拍品结构分布

拍卖企业	上拍件数	拍品分类·件数					
		中国书画	瓷玉杂项	油画、当代艺术及摄影	家具	酒	紫砂器
爱涛	1,888	0	1,621	0	0	24	243
沧海	1,187	1,176	11	0	0	0	0
凤凰	706	509	130	4	0	0	63
海德	517	385	118	2	0	0	12
嘉恒磊峰	529	432	69	3	0	25	0
龙城	915	874	40	0	0	0	1
经典	1,425	1,420	0	5	0	0	0
两汉	454	449	2	3	0	0	0
侨信	703	572	52	79	0	0	0
盛得	657	516	67	17	0	0	57
十竹斋聚德	3,702	1,926	1,583	2	9	33	149
正大	400	0	331	0	69	0	0
总计	13,083	8,259	4,024	115	78	82	525
占比		63.13%	30.76%	0.88%	0.6%	0.63%	4.01%

2014、2015、2016 年江苏线下文物艺术品拍卖市场拍品结构分布

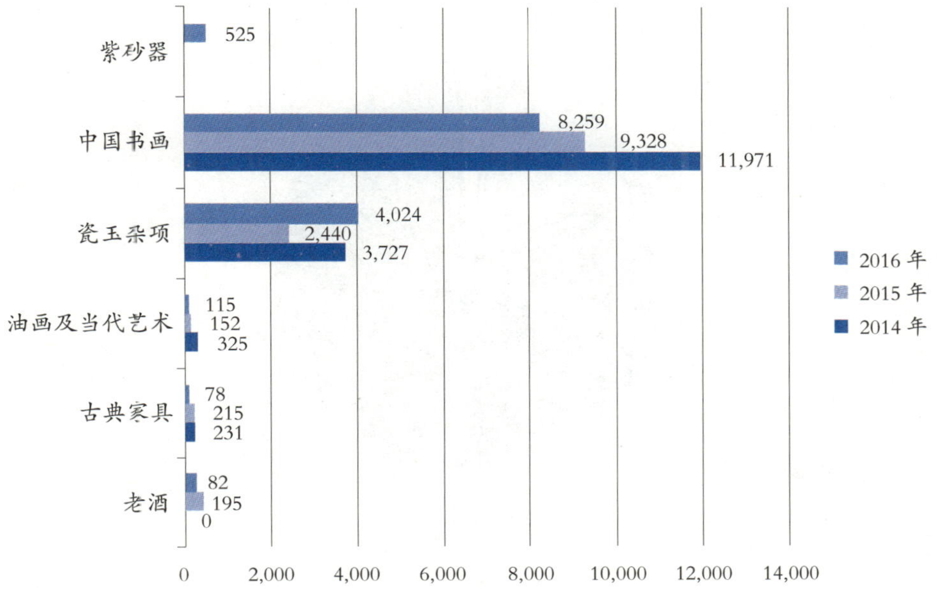

2014 年江苏线下文物艺术品拍卖市场拍品结构分布

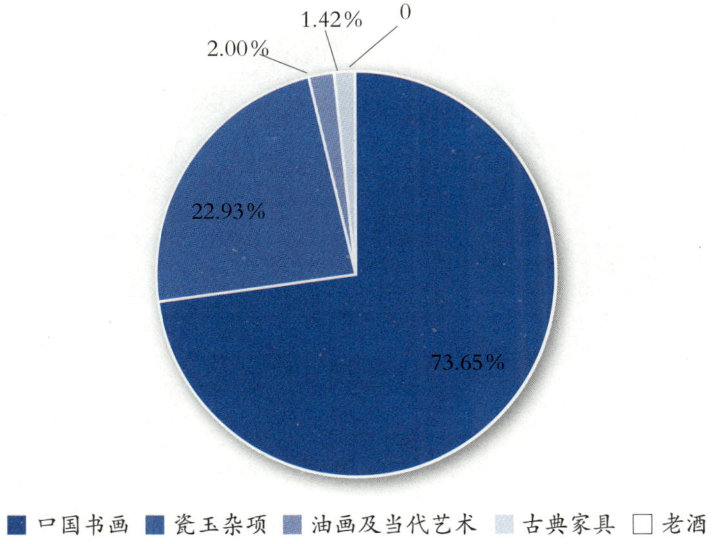

2015 年江苏线下文物艺术品拍卖市场拍品结构分布

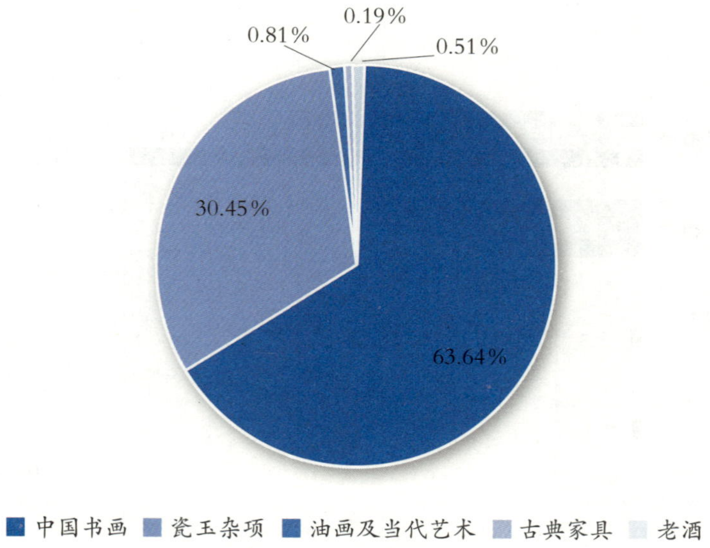

2016 年江苏线下文物艺术品拍卖市场拍品结构分布

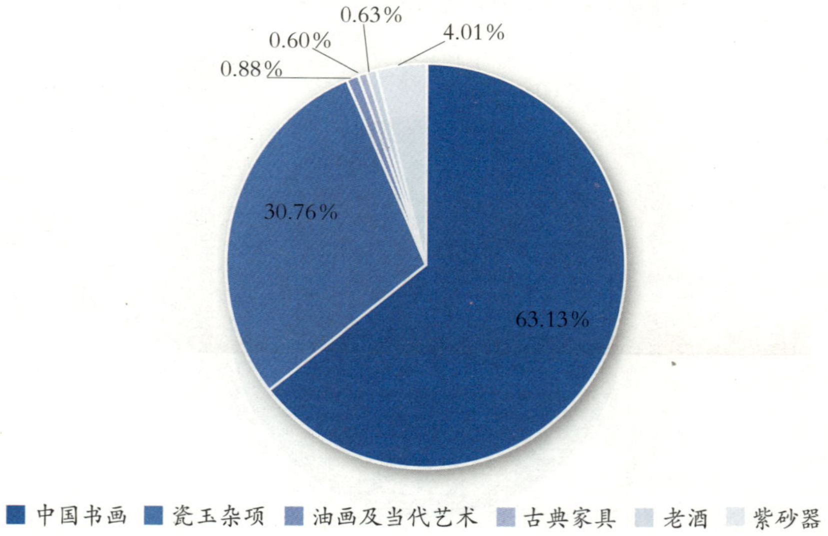

在2016年的江苏线下文物艺术品拍卖市场，传统的中国书画依旧是最重要的门类，占本年度上拍总量的63.13%；其次是瓷玉杂项，占30.76%；以老酒为主体的酒类拍品，占比0.63%；与此前一样，油画、当代艺术及摄影作品在江苏文物艺术品拍卖市场占比极低，2016年其拍品数量只占整个市场的0.88%。2016年江苏线下文物艺术品拍卖市场的一个突出变化，是紫砂器类拍品较前两年显著增多，共上拍525件，占总量的4.01%。以古典家具为主体的家具共78件，占比0.6%。这78件中，正大春拍“观木乾坤——正大明清古典家具专场”的紫檀照壁（图录号50），以1.695亿元成交，创下2016年度江苏文物艺术品拍卖市场的最高成交价纪录；同场的25号拍品明末清初黄花梨朝服柜，则以2,260万元人民币的成交价，跻身本年度江苏文物艺术品拍卖市场的千万元俱乐部。可以看出，正大的家具拍卖在江苏文物艺术品拍卖市场有着非常重要的地位。

正大2016春拍‘观木乾坤——正大明清古典家具”专场　Lot50 紫檀照壁　1800×205×283cm
成交价1.695亿元

5. 地域特征

江苏文物艺术品拍卖市场一个显著的地域特征，是江苏书画家的作品更受欢迎，无论从上拍量还是从成交价位，都可以清晰地观察到这一点。

2016 年江苏线下文物艺术品拍卖市场江苏书画家作品上拍情况

项目	全部书画作品	江苏书画家作品	非江苏书画家作品	江苏书画家作品占比
上拍件数	8,259	5,834	2,425 [1]	70.64%
成交件数	5,788	4,156	1,574	71.8%

在 2016 年江苏线下文物艺术品拍卖市场上拍的 13,083 件作品中，共有 8,259 件书画作品（包括各种以纸、绢、绫、布为材质的书法、绘画作品。就门类而言，含国画、版画、插画及水粉画、水彩画、油画等）。其中，除少量佚名及无法查知作者籍里者外，江苏书画家（包括生于外地但主要生活在江苏者）的作品共 5,834 件，占 70.64%；非江苏书画家的作品 2,425 件，占 29.36%。而在成交的 5,788 件中，江苏书画家的作品占 71.8%，非江苏书画家的作品仅占 27.2%。

2016 年江苏线下文物艺术品拍卖市场江苏书画家作品分布

排行分类	江苏书画家作品	非江苏书画家作品	江苏书画家作品占比
古代书画成交价格排名前 10	6 件	4 件	60%
近现代书画成交价格排名前 100	41 件	59 件	41%
现当代书画成交价格排名前 100	58 件	42 件	58%

[1] 另有少量佚名或无法查知作者籍里的作品。“成交件数”中亦如是。

数据显示，2016 年省内古代书画成交价格前 10 位中，有 6 件作品（60%）为江苏书画家所作。而在近现代书画市场，成交价格前 100 位的作品中，有 41%（41 件）是江苏籍书画家的作品。现当代书画领域，江苏书画家更受欢迎，成交价格最高的前 100 件作品中有 58 件为他们所创作（占 58%）。不难看出，在江苏省内的文物艺术品市场，买家在购买书画作品尤其是现当代书画作品时，十分注重艺术家的地域特性。虽然我们无法确知江苏文物艺术品拍卖市场买家的地域构成，但毫无疑问，省内买家应在其中占有多数。在审美趣味与偏好上，江苏拍卖市场上的买家更加愿意购买与自己有相同艺术文化氛围和成长环境的书画家的作品，因而在审美选择与诠释上有着鲜明的地域性。

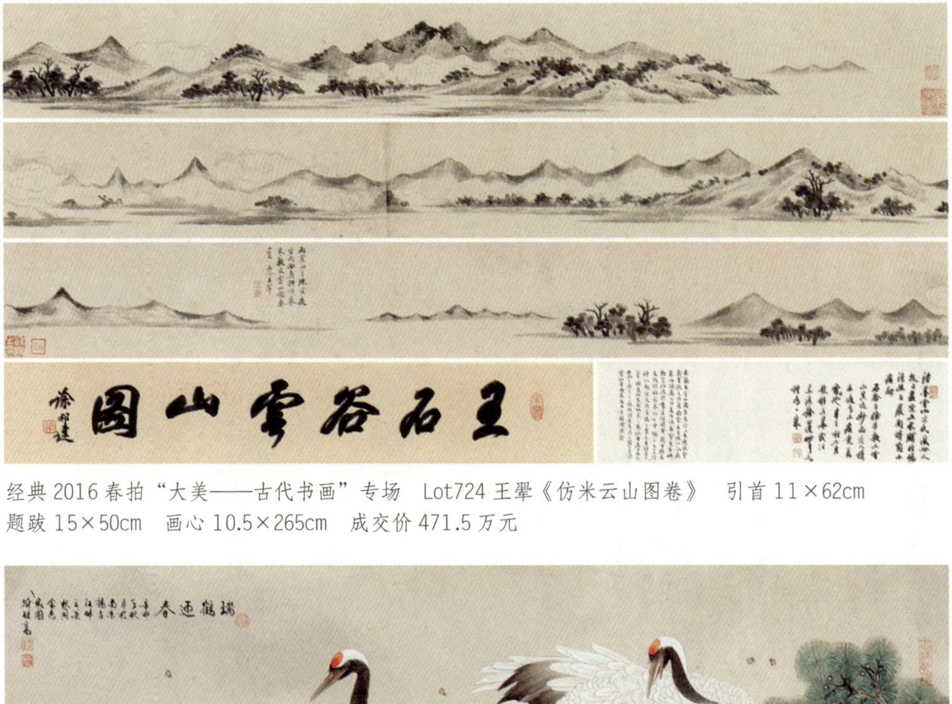

经典 2016 春拍“大美——古代书画”专场　Lot724 王翚《仿米云山图卷》　引首 11×62cm　题跋 15×50cm　画心 10.5×265cm　成交价 471.5 万元

经典 2016 秋拍“艺术南京”专场　Lot872 喻继高《瑞鹤迎春》 99×198cm　成交价 59.8 万元

十竹斋 2016 春拍“中国近现代书画”专场　Lot501 徐悲鸿《立马图》 48×30cm
成交价 172.5 万元

而当我们考察久负盛名的新金陵画派代表性画家（此处仅指傅抱石、钱松喦、亚明、宋文治、魏紫熙五位）与“金陵四老”（胡小石、林散之、萧娴、高二适）的作品2016年的拍卖情况，不难发现，作为江苏书画艺术的杰出代表，他们的作品与2014和2015年一样，表现十分突出。

2016年江苏拍卖市场新金陵画派代表性画家与“金陵四老”作品拍卖情况

书画家	上拍件数	成交件数	在书画成交总件数中占比	成交额（万元）	在书画成交总额中占比
全部书画家	8,259	5,788	/	70,884.5062	/
傅抱石	11[1]	8	0.14%	1,881.8	2.66%
钱松喦	91	81	1.4%	4,663.769	6.58%
亚　明	80	57	0.99%	521.09	0.74%
宋文治	77	64	1.11%	2,538.4	2.17%
魏紫熙	83	62	1.07%	2,257.165	3.18%
胡小石	7	6	0.1%	46.805	0.07%
林散之	204	162	2.8%	4,760.777	6.72%
萧　娴	42	34	0.59%	122.266	0.17%
高二适	12	9	0.16%	991.655	1.4%
总计	607	483	8.35%	17,783.727	25.09%

在近现代书画成交价格排名前100中，新金陵画派的代表人物傅抱石（7件）、钱松喦（14件）、亚明（1件）、宋文治（3件）、魏紫熙（6件）、高二适（2件）、林散之（4件）均有作品位列其中。其中，宋文治的《江南春晓》（凤凰秋拍，图录号147）以1,000.5万元成交，紧随陆俨少的《岭南胜游》（经典春拍，图录号244）的2,990万元之后排名第二。

[1]均含合作作品、组合标的、拍卖图录中作者名后载明“款”的作品，但不含画册。

经典 2016 春拍“中国书画”专场 Lot244 陆俨少《岭南胜游》册页 33.5×33cm×10
成交价 2,990 万元

经典 2016 春拍“中国书画”专场 Lot178 钱松喦《钟山风雨》
59.5×43cm 成交价 276 万元

凤凰2016秋拍“笔墨当随时代——新金陵画派”专场 Lot147 宋文治《江南春晓》 80×45cm 成交价1,000.5万元

二、江苏线上文物艺术品拍卖市场总体态势

2016年，江苏线上艺术品拍卖仍然主要集中在省会南京，这里有着丰富的艺术资源，江苏省美术家协会、江苏省书法家协会、江苏省国画院、江苏省书法院、江苏省书画院、南京书画院、南京艺术学院、南京师范大学、南京大学、东南大学等机构的艺术家每年都创作出大量的艺术作品；众多的文博机构、艺术机构，密集地举办各类艺术活动，为六朝古都增添了浓郁的艺术氛围；此外，拍卖行、画廊等艺术经营机构仍在不断地举办艺术品拍卖、展售活动，市场成交量虽然有所减少，但影响力并未减弱；而勃兴迅速的低端艺术品消费，也为线上艺术品市场的发展创造了巨大的可能。

线上艺术品拍卖，最主要的形式仍然是操作便捷的微信拍卖。2016年，据不完全统计，仅南京一地，就有南艺微拍、石城微拍、金鼎云微拍、水墨之都微拍、金陵微拍、两汉微拍、扬子微拍、凤凰微拍、艺江南微拍、海德微拍、同曦微拍、盛得微拍、古岸微拍、丙希微拍、乘艺微拍、老梅微拍、艺+微拍、金沙集萃微拍等微信拍卖平台；苏州的爱涛微拍和苏事微拍、仪征的八怪微拍等也十分活跃。虽然南京的线上艺术品市场再也没有重现2014年下半年的火爆态势，曾经最为活跃的第一艺购微拍也时拍时辍，乃至完全停止，但在线上艺术品拍卖这班高速行进的列车上，有人提前下车，也有期待已久的新乘客加入进来。

三、本年度江苏省内艺术展览概要

2016年，江苏一如既往地举办了大量艺术展览；就地域而言，文物艺术品拍卖的活跃度与艺术展览的密集度高度正相关。

据不完全统计，本年度全省共举办454场艺术展览。南京依然是展览最多的城市，共242场，占总数的一半以上，达53.3%。一方面，这是因为南京作为省会城市，拥有全省最多的艺术创作资源、文物艺术品存量、文物艺术品收藏和消费人群；另一方面，也与南京拥有全省最多的线下文物艺术品拍卖企业和线上艺术品拍卖平台相互呼应。

在书末，我们附录了南京地区2016年所举办的242场重要艺术展览的详细情况。以下是各月分布：

2016 年南京地区重要艺术展览时间分布

月份	1月	2月	3月	4月	5月	6月	7月	8月	9月	10月	11月	12月
场数	32	3	16	22	21	19	18	12	21	27	19	32

可以看出，岁末年初的 12 月和 1 月是艺术展览最为密集的时段，其次是气温宜人的春、秋两季。

第二节　江苏与全国、全球文物艺术品拍卖市场的比视

一、全球视阈下的 2016 年中国文物艺术品拍卖市场

欧洲艺术基金会发布的《TEFAF 全球艺术品市场报告 2017》显示，2016 年全球文物艺术品拍卖总额达 169 亿美元。其中，中国市场的份额占比 37.96%（约 64.15 亿美元），位列第一；以下分别是美国 27.08%、英国 16.37%、法国 5.01%、瑞士 4.55%、德国 1.6%、奥地利 0.84%、意大利 0.61%、其他地区 5.98%。[1]

据商务部流通业发展司、文化部文化市场司、国家文物局博物馆与社会文物司及中国拍卖行业协会联合发布的《2016 中国文物艺术品拍卖市场统计年报》，2016 年度，全国文物艺术品拍卖企业共举办 979 场文物艺术品拍卖会，成交总额 293.66 亿元，较上年增长 14.44%。[2]

而中国拍卖行业协会联合 Artnet 发布的《2016 中国文物艺术品全球拍卖

[1] 商务部流通业发展司，文化部文化市场司，国家文物局博物馆与社会文物司（科技司），中国拍卖行业协会 .2016 中国文物艺术品拍卖市场统计年报 [M]. 北京：中国拍卖行业协会 .2017.3:14–15。

[2] 商务部流通业发展司，文化部文化市场司，国家文物局博物馆与社会文物司（科技司），中国拍卖行业协会 .2016 中国文物艺术品拍卖市场统计年报 [M]. 北京：中国拍卖行业协会 .2017.8:12。同页又称“成交额较上年增长 21.41%”。

统计年报》则显示，2016 年全球范围内中国文物艺术品拍卖成交总额为 674 亿美元。其中，中国大陆总成交额 48.3 亿美元（334.1 亿元人民币），占全球 71.68% 的份额，位居第一；以下分别是亚洲其他地区 22.25%、北美洲 3.74%、欧洲 2.3%、海外其他地区 0.03%。[1] 全球中国文物艺术品拍卖总额同比下降 5%，总成交额连续第三年下滑；而在经历了两年的微调后，中国大陆艺术市场在 2016 年有所回升，同比增长 7%。然而，如以美元计算，中国大陆市场总额自 2012 年至今并未出现增长。[2]

Artprice 与雅昌艺术市场监测中心（AMMA）联合发布的《2016 年度艺术市场报告》中称：2016 年，全球经济形势仍不容乐观，艺术品市场进一步降温。年度纯艺术拍卖总额 124.49 亿美元（含佣金），同比 2015 年减少 23%。中国纯艺术拍卖总额 47.92 亿美元，以 38% 的市场份额跃居全球第一；美国退居全球第二，市场份额降至 28%；英国以 17% 的市场份额位居第三。中西方艺术品市场发展依旧呈现缓慢发展态势。2015 年，中国市场经历了大幅调整，总成交额下降了 26%，而与此同时，美国却以 62 亿美元的拍卖总收入刷新了该国历史新高。2016 年，局面发生了逆转：中国的艺术品市场相对稳定，成交额仅下降 2%，而西方艺术市场却惨跌 36%。[3]

雅昌艺术市场监测中心（AMMA）发布的《雅昌中国艺术品拍卖市场调查报告（2016 年春季）》指出，2016 年春季，拍卖市场总成交额约为 244 亿元人民币，同比 2015 年春呈现小幅下滑，幅度为 2.3%；[4]《雅昌中国艺术品拍卖市场调查报告（2016 年秋季）》指出，2016 年秋拍，中国艺术品市场成交额为 265 亿元人民币，同比上升 2.97%。[5] 两项相加，2016 年度，中国艺术品市场成交额则为 509 亿元人民币。

[1] 商务部流通业发展司，文化部文化市场司，国家文物局博物馆与社会文物司（科技司），中国拍卖行业协会 .2016 中国文物艺术品拍卖市场统计年报 [M]. 北京：中国拍卖行业协会 .2017.8:14。

[2] 中国拍卖行业协会，Artnet.2016 中国文物艺术品全球拍卖统计年报 [M]. 北京：中国拍卖行业协会 .2017.8: 8。

[3] Artprice，雅昌艺术市场监测中心（AMMA）.2016 年度艺术市场报告 [M/CD].2017.3：5，9。

[4] 雅昌艺术市场监测中心（AMMA）. 雅昌中国艺术品拍卖市场调查报告（2016 年春季）. [M/CD].2017：11。

[5] 雅昌艺术市场监测中心（AMMA）. 雅昌中国艺术品拍卖市场调查报告（2016 年秋季）. [M/CD].2017：18。

统计的路径和具体数据各有不同，却大体勾勒出了此一轮廓：2016 年度，全球文物艺术品拍卖市场下挫，中国大陆市场强劲反弹。将江苏 2016 年文物艺术品拍卖市场的萎缩置于这样的宏观背景中进行观察，或许更有其意义。

二、2016 年的全国文物艺术品拍卖市场

1. 总体描述：整体反弹强劲，高端市场增长迅猛

前述中国拍卖行业协会联合 Artnet 发布的《2016 年中国文物艺术品拍卖市场统计年报》显示：在经历了两年的微调后，中国大陆的艺术市场在 2016 年有所回升，总成交额 48.3 亿美元（334.1 亿元人民币），同比增长 7%。高端市场的增长对于中国大陆市场的总体回升起到了关键作用，1,000 万元人民币以上成交的拍品总额在全国总成交额中占比 29%，这一市场份额相较两年前增长了一倍多。受此影响，中国大陆市场平均价格自 2013 年以来持续上升，在 2016 年达到了 18 万美元。随着拍品总体质量的提升，中国大陆市场的成交率在过去两年内持续提高，2016 年回升至 51%。但这一比率相较中国大陆在上一轮市场峰值前的成交率水平（58%），或海外中国文物艺术品总成交率（61%），仍有一定的回归空间。[1]

商务部流通业发展司、文化部文化市场司、国家文物局博物馆与社会文物司及中国拍卖行业协会联合发布的《2016 中国文物艺术品拍卖市场统计年报》则显示：2016 年度，全国（本书中仅指我国大陆地区。下同）文物拍卖企业共举办 979 场文物艺术品拍卖会，设有 2,157 个专场，上拍 499,260 件（套）拍品，成交 254,940 件（套），成交率 51.06%，成交额 293.66 亿元（全国拍卖行业全年总成交额 5,192.28 亿元，文物艺术品拍卖业务占比 5.66%，较上年增长 0.12 个百分点），应收买方佣金 40.47 亿元（全国拍卖行业全年实现佣金收入 85.29 亿元，文物艺术品拍卖业务占比 25.57%，较上年下降 11.86 个百分点）。

从拍卖会数量看，较上年有较大增长，涨幅 28.82%，主要原因在于网络拍卖会的不断增多。而从拍品数量上看，虽然上拍件数同比下降 6.23%，但成交件数保持稳定且略有增长，成交量增长 6.18%，使得成交率整体上升 3.42 个百分点。

[1] 中国拍卖行业协会，Artnet.2016 中国文物艺术品全球拍卖统计年报 . 北京：中国拍卖行业协会 .2017.8: 8、13。

从成交额上看，整体出现回升，较上年增长14.44%。[1]

2. 各门类上拍情况：中国书画维持较大权重

2016年全国文物艺术品拍卖市场各门类交易情况[2]

门类	上拍件数	成交件数	成交率	成交额（亿元）	与上年（亿元）	市场份额
中国书画	226,039	107,878	47.73%	187.00	15.58% ↑	63.68%
瓷玉杂项	125,153	64,836	51.81%	68.68	17.08 ↑	23.39%
油画及当代艺术	14,061	7,171	51.00%	16.74	6.33% ↑	5.61%
古籍碑帖	34,038	17,176	50.46%	6.04	21.29% ↑	2.06%
邮品钱币	51,146	36,999	72.34%	4.98	27.69% ↑	1.70%
其他门类	48,823	20,880	42.77%	10.49%	10.88 ↓	3.57%

2016年全国文物艺术品拍卖市场中国书画细分交易情况[3]

门类	上拍件数	成交件数	成交率	成交额（亿元）	与上年相比
当代书画	64,726	25,359	39.18%	11.81	39.09% ↓
近现代书画	133,257	69,549	52.19%	118.96	13.84% ↑
古代书画	28,056	12,970	46.23%	56.23	48.23% ↑
总计	226,039	107,878	47.73%	187.00	15.58 ↑

[1] 商务部流通业发展司，文化部文化市场司，国家文物局博物馆与社会文物司（科技司），中国拍卖行业协会.2016中国文物艺术品拍卖市场统计年报[M].北京：中国拍卖行业协会.2017.8:12-13。

[2] 商务部流通业发展司，文化部文化市场司，国家文物局博物馆与社会文物司（科技司），中国拍卖行业协会.2016中国文物艺术品拍卖市场统计年报[M].北京：中国拍卖行业协会.2017.8:18。

[2] 商务部流通业发展司，文化部文化市场司，国家文物局博物馆与社会文物司（科技司），中国拍卖行业协会.2016中国文物艺术品拍卖市场统计年报[M].北京：中国拍卖行业协会.2017.8:18。

在作为市场主力的中国书画各门类中，当代书画板块同比去年下降了30.09%，下降幅度高居所有门类之首。

就整体态势而言，江苏文物艺术品拍卖市场与全国几乎相同，市场整体萎缩，但中国书画的主流地位不可撼动，成交总额占全省全年的61.4%。

凤凰2016秋拍“传承与超越——中国书画”专场 Lot306 王明明《午晴》 34×136cm 成交价28.75万元

沧海2016春拍“中国书画（二）”专场 Lot381 张大千《环荜庵一角》 69.5×98.5cm 成交价391万元

凤凰2016秋拍"传承与超越——中国书画"专场 Lot384 谢稚柳《晴江飘影图》 132×64.5cm 成交价 402.5 万元

沧海 2016 春拍“中国书画（一）”专场　Lot33 林风眠《秋林野逸》 53×38.5cm　成交价 172.5 万元

十竹斋 2016 春拍“中国近现代书画”专场　Lot619 吴昌硕、王一亭《花卉》
144×79.5cm　成交价 34.5 万元

凤凰2016春拍“传承与超越——中国书画”专场 Lot223张大千《翠谷雨霁图》 134×68cm 成交价862.5万元

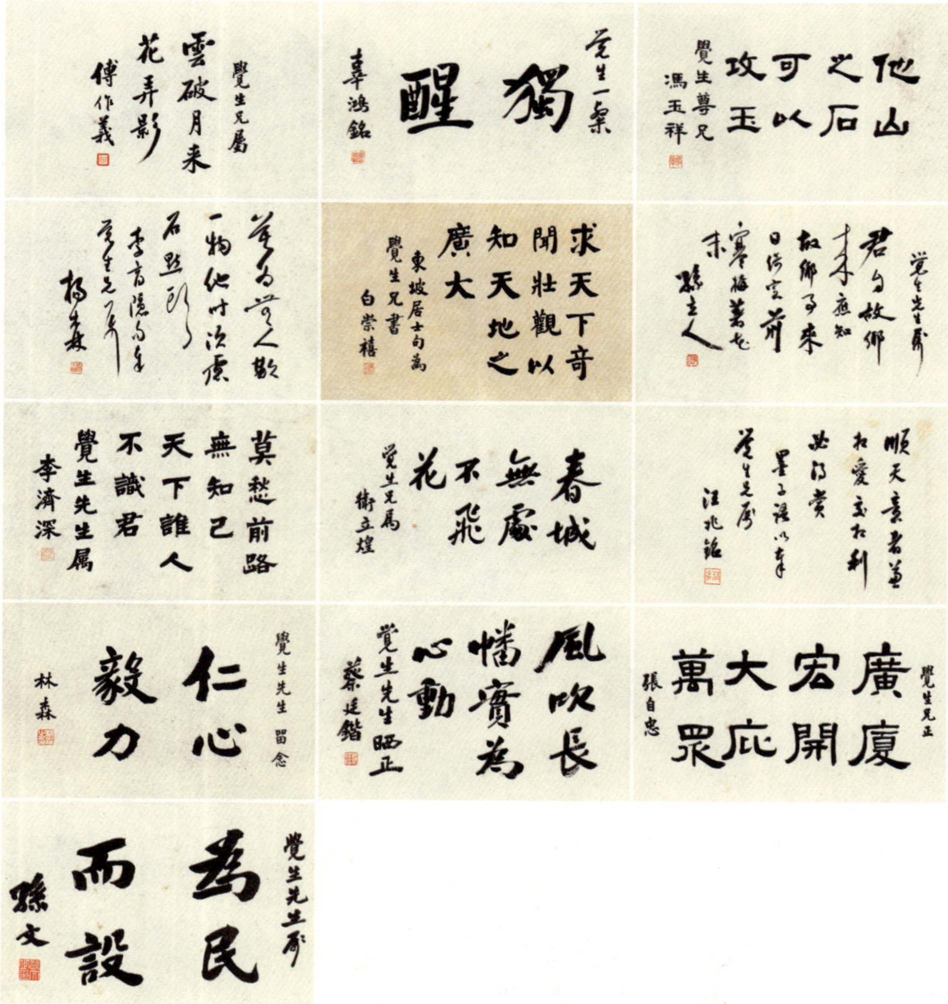

经典2016秋拍“中国书法”专场　Lot603 孙中山等《近代名人册页》 32×52cm×13　成交价181.7万元

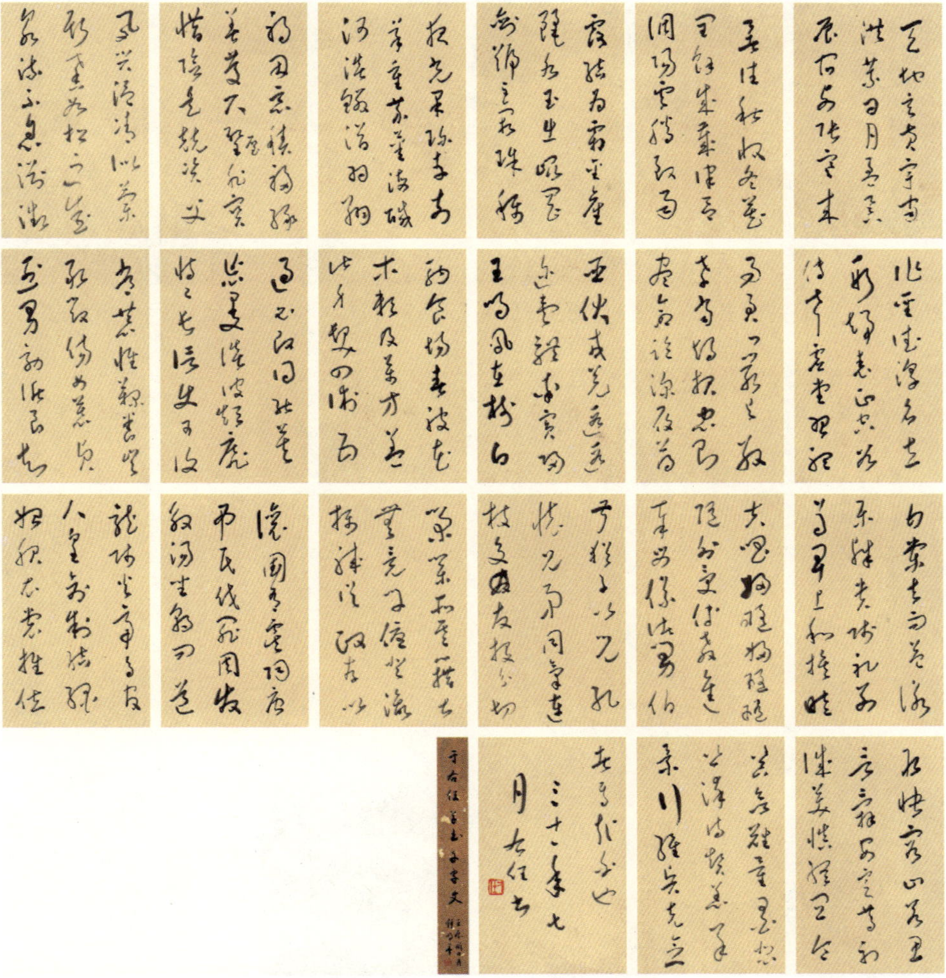

十竹斋 2016 春拍“中国近现代书画”专场　Lot558 于右任《草书千字文》 27.5×17.5cm×55　成交价 207 万元

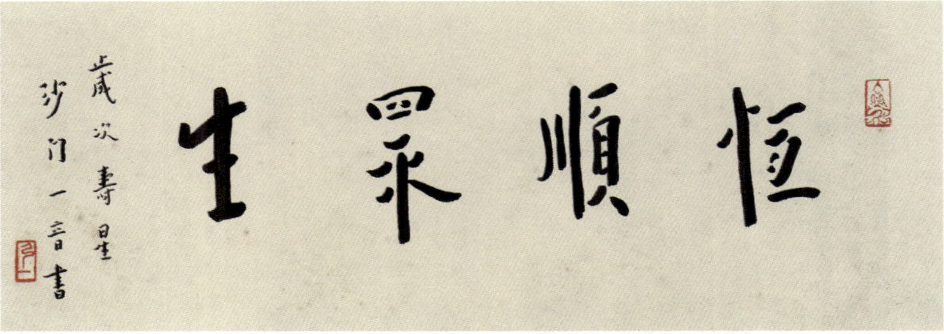

经典 2016 秋拍“中国书法”专场　Lot483 弘一《恒顺众生》 19.5×55cm　成交价 218.5 万元

经典 2016 秋拍“中国书画”专场　Lot232 陆俨少《江山胜览》 34×270cm　成交价 460 万元

凤凰 2016 秋拍“传承与超越——中国书画”专场　Lot371 周抡园《清风徐来》 96×59.5cm　成交价 184 万元

经典 2016 秋拍“中国书画”专场
Lot217 张大千《流水入弦歌》
86×34.5cm 成交价 402.5 万元

凤凰 2016 秋拍“传承与超越——中国书画”专场 Lot374 黄宾虹《访友图》 44×34cm 成交价 161 万元

十竹斋 2016 春拍“中国近现代书画”专场
Lot500 黄宾虹《雁荡山纪游》 125.5×40cm
成交价 368 万元

十竹斋 2016 春拍“中国当代书画”专场
Lot812 任重《雪鸠双清》
136×34.5cm　成交价 69 万元

3. 2016 年度中国大陆文物艺术品成交价格区间

如前文所述，全国视阈下 2016 年度全国文物艺术品拍卖市场价格区间划分标准为：1000 万元以上为超高端，100—1000 万元之间为高端，100 万元以下为中低端。

2016 年度全国文物艺术品拍卖市场各门类成交价格区间[1]

门类	价格区间・件数		
	100 万元以下	100—1000 万元	1000 万元以上
中国古代书画	11,957	926	87
中国近现代书画	67,504	1,929	116
中国当代书画	25,244	110	5
瓷玉杂项	63,746	1,017	73
油画及当代艺术	6,878	270	25
古籍善本	17,098	75	3
邮品钱币	36,933	66	0
其他	20,665	207	8
总计	250,025	4,600	317

从 2016 年度全国文物艺术品拍卖市场成交作品的价格区间分布上来看，中低端（100 万元以下）文物艺术品是市场最主要的成交对象，高端与超高端市场相对较小，1,000 万元以上的超高端市场尤其是整个文物艺术品拍卖市场的稀缺部分。

总体而言，尽管对于成交价格区间的划分标准有所不同，但从趋势上依旧可以看出，江苏与全国是基本同步的，即中低端市场为主流，高端与超高

[1] 商务部流通业发展司，文化部文化市场司，国家文物局博物馆与社会文物司（科技司），中国拍卖行业协会 .2016 中国文物艺术品拍卖市场统计年报 [M]. 北京：中国拍卖行业协会 .2017.8:22-25。

端市场较为薄弱，并且，在超高端市场部分，江苏与全国市场的比重近似，前者为 0.07%，后者为 0.012%。

2016 年全国文物艺术品拍卖市场成交价格区间分布比率

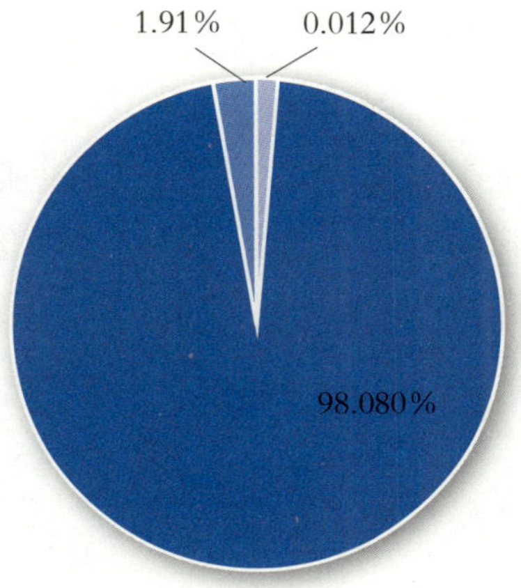

2016 年度，全国拍品均价为 11.52 万元 / 件（套），比 2015 年的 10.11 万元 / 件（套）上升 1.41 万元 / 件（套），继上年再次提升。

从各门类拍品均价看，延续上年态势，即除当代书画外，其他门类均价都有不同幅度的提升。其中提升最大者仍为古代书画，从上年的 33 万元 / 件（套）提升至 43.35 万元 / 件（套），涨幅达 31.36%，均价仍居各门类之首；近现代书画均价为 17.1 万元 / 件（套），较上年有小幅提升；油画及当代艺术均价为 22.97 万元 / 件（套），较上年提升 1.9 万元 / 件（套）；瓷玉杂项均价为 10.59 万元 / 件（套），较上年提升 0.63 万元 / 件（套）；邮品钱币均价为 1.35 万元 / 件（套），较上年提升 0.35 万元 / 件（套）。

各门类均价的普涨主要源于高价拍品的增多，延续了 2015 年度文物艺术品拍卖市场发展的特征——减量提质。[1]

[1] 商务部流通业发展司，文化部文化市场司，国家文物局博物馆与社会文物司（科技司），中国拍卖行业协会 .2016 中国文物艺术品拍卖市场统计年报 [M]. 北京：中国拍卖行业协会 .2017.8:22−25。

4. 市场结构与运营情况

（1）江苏文物拍卖企业数量在全国位居前列

截至2016年12月31日，全国具备文物拍卖经营资质的企业共451家，总量较2015年增加13家，增幅近3%，行业规模仍呈增长态势。451家企业中，有37家在年度内被暂停文物拍卖经营资质。

2016年度，北京、江苏具备文物拍卖经营资质的企业分别增加21家、3家，广东、福建、山东、海南各增加1家；而上海减少15家，成为年度内唯一企业数量减少的省份。江苏共有30家具备文物拍卖经营资质的企业，企业数在全国省份中位列第四。

2016 年度全国各省份文物艺术品拍卖企业数量排名[1]

排名	省、自治区、直辖市	文物艺术品拍卖企业数量（家）
1	北京	177
2	上海	57
3	浙江	39
4	江苏	30
5	广东	21
6	河南	17
7	福建	16
8	四川	15
9	陕西	13
10	天津	11
11	山东	8
12	湖北	7
13	山西	6
13	辽宁	6
15	河北	5

[1] 商务部流通业发展司，文化部文化市场司，国家文物局博物馆与社会文物司（科技司），中国拍卖行业协会.2016 中国文物艺术品拍卖市场统计年报 [M]. 北京：中国拍卖行业协会.2017.8:10–11。

（2）江苏省内文物艺术品拍卖成交额在全国也位居前列

2016 年全国各省份文物艺术品拍卖市场成交额[1]

排名	省区市	上拍件数	成交件数	成交率（%）	成交额（万元）
1	北京	232,718	116,389	51.01	2,026,403.56
2	上海	129,794	72,241	55.66	298,509.54
3	浙江	35,971	22,483	62.5	250,735.38
4	广东	20,689	13,304	64.3	191,734.57
5	江苏	20,945	7,586	36.22	50,522.34
6	河南	2,379	687	28.88	47,111.31
7	天津	11,827	5,344	45.18	19,278.51
8	山东	4,359	2,715	62.28	12,270.9
9	四川	5,451	929	17.04	6,649.27
10	广西	1,619	667	41.2	5,635.55
11	福建	4,509	1,379	30.58	5,282.4
12	重庆	994	609	61.27	4,264.5
13	云南	5,406	1,999	36.98	3,548.77
14	山西	4,118	1,173	28.48	1,897.06
15	安徽	2,897	1,128	36.94	1,333.21
16	辽宁	3,426	1,825	53.27	1,268.37
17	湖北	3,163	1,122	35.47	1,025.53
18	陕西	1,849	807	43.65	865.18
19	湖南	2,392	1,423	59.49	705
20	海南	72	71	98.61	180
21	甘肃	463	262	56.59	44.0825
22	河北	4,159	793	19.07	28.825
23	宁夏	60	4	6.67	0.8631
24	吉林	0	0	0	0
25	黑龙江	未报	未报	未报	未报
全国总计		499,260	254,940	51.06	2,936,608.01

[1] 成交额为落槌价，不含佣金。商务部流通业发展司，文化部文化市场司，国家文物局博物馆与社会文物司（科技司），中国拍卖行业协会.2016中国文物艺术品拍卖市场统计年报[M].北京：中国拍卖行业协会.2017.8:62–89。

上表是从商务部流通业发展司、文化部文化市场司、国家文物局博物馆与社会文物司及中国拍卖行业协会联合发布的《2016 中国文物艺术品拍卖市场统计年报》中“2016 年度全国文物艺术品拍卖企业经营数据汇总”中析出的。这些数据，都是全国各文物艺术品拍卖企业按规定在系统中填报的。我们注意到，各机构向商务部流通业发展司和中国拍卖行业协会填报的数据，与它们向雅昌艺术网及我们所提供的数据存在较大差异。这或许与各机构心态有关，也有可能与当今中国文物艺术品拍卖市场的管理模式不无关系。

从上表可以看出，无论是从上拍件数、成交件数抑或成交额上看，江苏都居全国前列。

（3）全国视阈下的江苏文物艺术品拍卖市场结算进度与产业运营状况

根据《2016 中国文物艺术品拍卖市场统计年报》的数据，本年度，江苏文物艺术品拍卖市场在结算进度与产业状况维度上呈现如下状态：

●结算进度：截至填报日（2017 年 5 月 15 日），317 件 1,000 万元以上成交拍品中，已完成结算的拍品有 152 件，结算货款为 40.41 亿元；未完全结算的作品有 34 件，涉及货款 10.5 亿元；而未结算的作品有 131 件，涉及货款 33.87 亿元。就各门类结算情况而言，油画及当代艺术表现最佳，成交量和成交额结算进度分别为 80%、82.17%；近现代书画分别为 56.9%、61.16%；古代书画分别为 34.48%、32.57%；当代书画分别为 60%、71.07%；古籍碑帖分别为 66.67%、71.07%；瓷玉杂项分别为 41.1%、37.05%；其他门类分别为 12.5%、7.68%。

●在 2016 年度全国文物艺术品拍卖企业实收拍品款前 20 位及结算进度排名榜单中，没有一家江苏企业。其中，北京 9 家，上海 7 家，浙江 2 家，广东 2 家。而在实收拍品款前 50 名中，有 4 家江苏企业，其中江苏凤凰国际拍卖有限公司居第 38 名，南京经典拍卖有限公司居第 41 名，南京十竹斋拍卖有限公司居第 43 名，江苏爱涛拍卖有限公司居第 48 名。

●在 2016 年度全国艺术品文物拍卖企业实收佣金前 20 位及实收佣金率排名榜单中，没有一家江苏企业。其中，北京 10 家，上海 6 家，浙江 2 家，广东 2 家。而在实收买卖双方佣金款前 50 名中，有 4 家江苏企业，其中南京十竹斋拍卖有限公司居第 27 名，江苏爱涛拍卖有限公司居第 43 名，南京经典拍卖有限公司居第 44 名，江苏凤凰国际拍卖有限公司居第 46 名。

●在 2016 年度全国文物艺术品拍卖企业文物艺术品拍卖业务营业税纳税

前 20 名榜单中，没有一家江苏企业。其中，北京 8 家，上海 7 家，浙江 2 家，广东 2 家，山东 1 家。而在前 50 名中，有 3 家江苏企业，其中江苏凤凰国际拍卖有限公司居第 28 名，南京十竹斋拍卖有限公司居第 38 名，江苏爱涛拍卖有限公司居第 49 名。

●在 2016 年度全国文物艺术品拍卖企业企业所得税纳税前 20 名榜单中，没有一家江苏企业。其中，北京 7 家，上海 8 家，广东 1 家，浙江 2 家，山东 1 家，河南 1 家。而在前 50 名中，有 1 家江苏企业，江苏淮海国际拍卖有限公司居第 35 名。

●在 2016 年度全国文物艺术品拍卖企业企业总纳税（含营业税及附加、增值税、所得税、代扣代缴等。仅限以文物艺术品拍卖为主要业务的企业）前 20 名榜单中，没有一家江苏企业。其中，北京 11 家，上海 5 家，广东 1 家，浙江 2 家，山东 1 家。甚至在前 50 名中也没有江苏企业的身影。

●在 2016 年度全国文物艺术品拍卖企业主营业务利润前 20 名及利润率排名榜单中，没有一家江苏企业。其中，上海 8 家，北京 8 家，浙江 2 家，广东 2 家。

●在 2016 年全国文物拍卖企业人均创利前 20 名排名榜单中，没有一家江苏企业上榜。其中，北京 9 家，上海 7 家，浙江 2 家，广东 2 家。

● 2016 年度，全国文物艺术品拍卖企业对广告宣传、出版印刷、会展、邮递、保险、学术教育等相关产业继续带来支持和经济效益，全年直接支出共 5.9 亿元，占行业主营业务收入的 24.98%，在行业主营业务成本中占 41.96%。在 2016 年全国文物拍卖企业产业链贡献前 20 位榜单中，没有一家江苏企业上榜，其 20 家为：北京 12 家，上海 5 家，浙江 1 家，广东 2 家。[1]

[1] 商务部流通业发展司，文化部文化市场司，国家文物局博物馆与社会文物司（科技司），中国拍卖行业协会 .2016 中国文物艺术品拍卖市场统计年报 [M]. 北京：中国拍卖行业协会 .2017.8:42-89。

第三节　江苏与京津、长三角、港澳台市场的比视

2016 年京津、长三角及珠三角地区文物艺术品拍卖企业数量分布[1]

地区	省份	拍卖机构数量
京津	北京	177 家
	天津	11 家
长三角	上海	57 家
	江苏	30 家
	浙江	39 家
	安徽	4 家
珠三角	广东	21 家

根据中国拍卖行业协会的调研，京津地区的拍卖机构中，北京以 177 家拍卖企业位列全国之首，天津有 11 家。而在长三角地区，江苏省登记在册的文物艺术品拍卖企业为 30 家，排在上海（57 家）、浙江（39 家）之后，占长三角地区文物艺术品拍卖企业总数的 23.08%。珠三角共有 21 家拍卖机构登记在册。

[1] 商务部流通业发展司，文化部文化市场司，国家文物局博物馆与社会文物司（科技司），中国拍卖行业协会 .2016 中国文物艺术品拍卖市场统计年报 [M]. 北京：中国拍卖行业协会 .2017.8:10−11。

2016 年长三角地区各省份文物艺术品拍卖企业数量占比

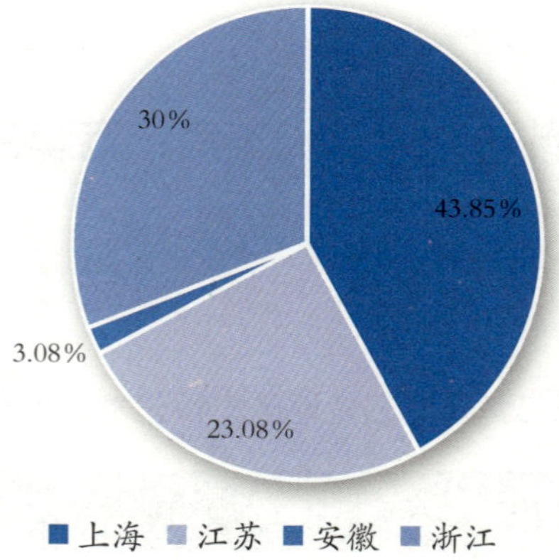

2016 年中国文物艺术品拍卖市场区域比较[1]

地区	注册资本金（亿元）	从业人员	上拍件数	成交件数	成交额（亿元）	成交量比重	成交额比重
京津	34.19	2,480	244,545	121,733	204.57	47.75%	69.66%
长三角	13.73	1,949	186,710	102,310	59.98	40.13%	20.42%
珠三角	5.54	431	20,689	13,304	19.17	5.22%	6.53%

由上表可知，京津地区在全国文物艺术品拍卖市场中的份额最大，长三角次之，珠三角又次之。可以看出，就全国的文物艺术品拍卖而言，京津、长三角地区是两个重镇；江苏省的文物艺术品拍卖机构在运营规模和数量上虽不及上海、浙江，置于全国视阈下也可以排在较前位置。

[1] 商务部流通业发展司，文化部文化市场司，国家文物局博物馆与社会文物司（科技司），中国拍卖行业协会 .2016 中国文物艺术品拍卖市场统计年报 [M]. 北京：中国拍卖行业协会 .2017.8:32-37。

2016 年全国各区域文物艺术品拍卖市场经济数据分析[1]

（单位：万元）

地区	落槌总额	实收款	实收佣金	主营收入	主业营业税	企业所得税	产业链贡献
京津	2,045,682.07	1,024,930.96	150,041.42	165,911.47	1,929.78	1,384.83	42,037.56
长三角	599,777.26	383,413.51	53,052.42	52,173.39	754.47	5,922.24	11,898.76
珠三角	191,734.57	69,415.72	11,739.03	13,369.07	98.22	630.54	3,123.78
国内其他	99,414.11	29,784.19	3,229.66	4,876.62	61.08	238.11	1,984.70
全国总计	2,936,608.01	1,507,544.38	218,062.53	236,330.55	2,843.55	20,605.72	59,044.80

可以看出，京津地区在各项经济数据的比较里都占有绝对优势。其中落槌总额一项，是长三角的 3 倍、珠三角的 10 倍以上。而若从市场增长能力、成交率、结算进度、佣金比例、主营业务利润率、盈利面及人均创利等 7 个指标对各区域进行综合评价，不难看出，京津地区虽然在体量上占绝对优势，但本年度综合排名位列第二；长三角地区整体运营质量在年度内排名第三；珠三角市场在本年度综合排名则由去年的第二上升为第一。从总体来看，京津地区成交量和成交额在占比方面基本持平。京津地区作为中国文物艺术品拍卖市场高度繁荣的地区，其每一季的表现都足可以影响整个市场走向。长三角地区近几年努力发展中国文物艺术品拍卖，成长速度有目共睹，但值得注意的是，长三角地区现在所呈现出的状态是高成交量、低成交额，这一状态与早期的京津地区类似。拍卖市场需要一个从萌芽到成熟的过程，这是必然的，长三角地区现在处于发展初期，高成交量、低成交额反映出对拍品精品率的把控问题，这与香港地区形成了鲜明的对比。长三角地区依托强大的卖家资源，如果在拍品精品率方面肯下一番苦功，将来必将与京津、长三角有力抗衡。

[1] 商务部流通业发展司，文化部文化市场司，国家文物局博物馆与社会文物司（科技司），中国拍卖行业协会 .2016 中国文物艺术品拍卖市场统计年报 [M]. 北京：中国拍卖行业协会 .2017.8:37。

另一方面，长期困扰中国大陆文物艺术品拍卖市场的结算问题在 2016 年再度出现。由于高价位拍品所占市场份额增长，而分期付款、拖欠款或违约取消成交的情况在高价位拍品中更为严重，结算比例从 2015 年的 58% 降至 2016 年的 51%，回落至 2011 年的水平。

2016 年全国文物艺术品拍卖市场区域完成结算情况[1]

地区	成交额	完成结算额	完成结算率
京津	2,045,682.07 万元	1,024,930.96 万元	50.1%
长三角	599,777.26 万元	383,413.51 万元	63.92%
珠三角	191,734.57 万元	69,415.72 万元	36.2%
国内其他	99,414.11 万元	29,784.19 万元	29.96%

长三角结算率继续雄居第一，京津略逊，全国其他地区都不理想。

[1] 商务部流通业发展司，文化部文化市场司，国家文物局博物馆与社会文物司（科技司），中国拍卖行业协会 .2016 中国文物艺术品拍卖市场统计年报 [M]. 北京：中国拍卖行业协会 .2017.8:37-39。

第四章 2016江苏线下文物艺术品拍卖市场分类研究

除了站在宏观角度对2016年度的江苏文物艺术品拍卖市场进行分析，我们也有必要根据地域特性，对江苏省内的传统线下文物艺术品拍卖市场作出具体分析。

第一节 书画板块

在2016年的江苏文物艺术品拍卖市场，传统的中国书画依旧是最重要的门类，占本年度拍品总数的63.13%。在中国古代书画、中国近现代书画和中国当代书画三大板块中，近现代仍是中流砥柱；古代书画也有亮眼表现；当代在经过2012年到2014年的黄金期后，目前仍处于深度调整阶段，"新水墨""新工笔"因过快成长造成巨大泡沫，以至迅速夭折、受挫最深，而以江宏伟、薛亮、徐乐乐、周京新等为代表的江苏著名画家虽也受到影响，整体却仍然保持着较好的流通性。

在近现代书画中，江苏的传统特色品牌——新金陵画派的五位代表性画家（傅抱石、钱松喦、亚明、宋文治、魏紫熙）与"金陵四老"（胡小石、林散之、萧娴、高二适）的作品，都在低迷的市场中拥有不俗的拍卖成绩。同时，这两大传统特色品牌所处的价格区间也各有其特性，新金陵画派是中高端市场的主力军，而“金陵四老”的高端市场规模正在逐步扩张。

在本节，我们除了像《2015 江苏文物艺术品拍卖市场研究报告》一样对新金陵画派的五位代表性画家及“金陵四老”的作品拍卖情况进行重点观察，还将对 2016 年江苏出现的“三百年来第一流——吕凤子书画”（经典）、“大美”（经典）、“观澜”夜场（沧海）这三个广受瞩目的拍卖专场进行深入分析；当然，对在世书画家作品的拍卖情况，仍然按代际予以细致探究。

一、新金陵画派五位代表性画家作品拍卖市场分析

1. 依旧是中高端市场的主流

2014 年江苏文物艺术品拍卖市场新金陵画派五位代表性画家绘画作品成交情况

画家	上拍件数	成交件数	成交率	平均成交单价（万元 / 平方尺）
傅抱石	5	2	40%	168.76
钱松喦	101	87	86.14%	28.36
亚　明	110	88	80%	5.08
宋文治	68	57	83.82%	11.58
魏紫熙	75	63	84%	10.61
总　计	359	297	82.73%	–

2015 年江苏文物艺术品拍卖市场新金陵画派五位代表性画家绘画作品成交情况

画家	上拍件数	成交件数	成交率	平均成交单价（万元 / 平方尺）
傅抱石	12	11	91.67%	181.74
钱松喦	112	100	89.29%	24.29
亚　明	137	107	78.1%	4.51
宋文治	76	64	84.21%	9.78
魏紫熙	76	58	76.32%	7.8
总　计	413	340	82.32%	–

2016 年江苏文物艺术品拍卖市场新金陵画派五位代表性画家绘画作品成交情况

画家	上拍件数	成交件数	成交率	总成交额（万元）	平均成交单价（万元 / 平方尺）
傅抱石	9[1]	8	88.89%	1,881.8	105.72
钱松喦	90	81	90%	4,663.769	24.74
亚　明	80	57	71.25%	521.09	3.67
宋文治	78	65	83.33%	2,538.4	15.53
魏紫熙	83	62	74.7%	2,257.165	10.4
总　计	340	273	80.29%	11,862.224	32.012

作为独具江苏特色的艺术流派，新金陵画派的表现向来不俗。2016 年，新金陵画派五位代表性画家共上拍作品 340 件，较上一年度减少了 73 件。在成交率方面，较之 2014 年度的 82.73%、2015 年度的 82.32% 有小幅下降。新金陵画派五位代表性画家作品 80.29% 的成交率远高于本年度江苏全省的 63.79%；而其总成交额 11,862.224 万元，占全省总成交额 115,452.7065 万元的 10.28%。

[1] 均不含合作作品、组合标的、拍卖图录中作者名后载明“款”的作品及画册。下同。

近3年江苏拍卖市场新金陵画派五位代表性画家绘画作品平均成交单价对比

（单位：万元 / 平方尺）

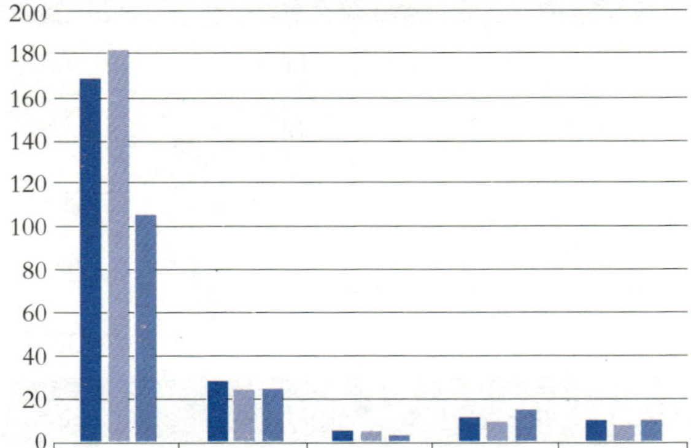

	傅抱石	钱松喦	亚明	宋文治	魏紫熙
2014 年作品单价	168.73	28.36	5.08	11.58	10.61
2015 年作品单价	181.74	24.49	4.51	9.78	7.8
2016 年作品单价	105.72	24.74	3.67	15.53	10.4

2016 年，傅抱石、钱松喦、亚明、宋文治、魏紫熙这五位著名画家绘画作品的成交率，分别为 88.89%、90%、71.25%、83.33%、74.7%。

其中，傅抱石作品的平均成交单价为 105.72 万元 / 平方尺，较上年度的 181.74 万元 / 平方尺，降幅达 42.83%。钱松喦作品的平均成交单价为 24.74 万元 / 平方尺，与 2015 年的 24.49 万元持平。亚明作品的平均成交单价为 3.67 万元 / 平方尺，较 2015 年的 4.51 万元 / 平方尺略有下降。宋文治的作品 2016 年的平均成交单价为 15.53 万元 / 平方尺，较上年剧增 5.75 万元 / 平方尺，增幅为 58.8%。其原因，盖与凤凰秋拍“笔墨当随时代——新金陵画派专场”中宋文治《江南春晓》（图录号 147）以 1000.5 万元的高价成交有关。魏紫熙作品的平均成交单价为 10.4 万元 / 平方尺，较上年度的 7.8 万元 / 平方尺增幅为 33.33%。

2. 价格区间：依然是江苏中高端市场的主力

2014 年新金陵画派五位代表性画家绘画作品成交价格区间

画家	价格区间·件数			
	0—10 万元	10—100 万元	100—1000 万元	1000 万元以上
傅抱石	0	0	2	0
钱松喦	8	61	18	0
亚　明	40	46	2	0
宋文治	17	37	3	0
魏紫熙	13	48	2	0
总　计	78	192	27	0

2015 年新金陵画派五位代表性画家绘画作品成交价格区间

画家	价格区间·件数			
	0—10 万元	10—100 万元	100—1000 万元	1000 万元以上
傅抱石	0	3	7	1
钱松喦	12	68	20	0
亚　明	54	52	1	0
宋文治	54	52	1	0
魏紫熙	9	47	2	0
总　计	93	215	31	1

2016 年新金陵画派五位代表性画家绘画作品成交价格区间

画家	成交件数	价格区间 · 件数			
		0—10 万元	10—100 万元	100—1000 万元	1000 万元以上
傅抱石	8	0	1	7	0
钱松喦	81	15	54	12	0
亚　明	57	42	15	0	0
宋文治	65	26	37	1	1
魏紫熙	62	17	41	4	0
总　计	273	100	148	24	1
占　比	–	36.63%	54.21%	8.79%	0.37%

2014、2015、2016 年新金陵画派五位代表性画家绘画作品成交价格区间分布比率

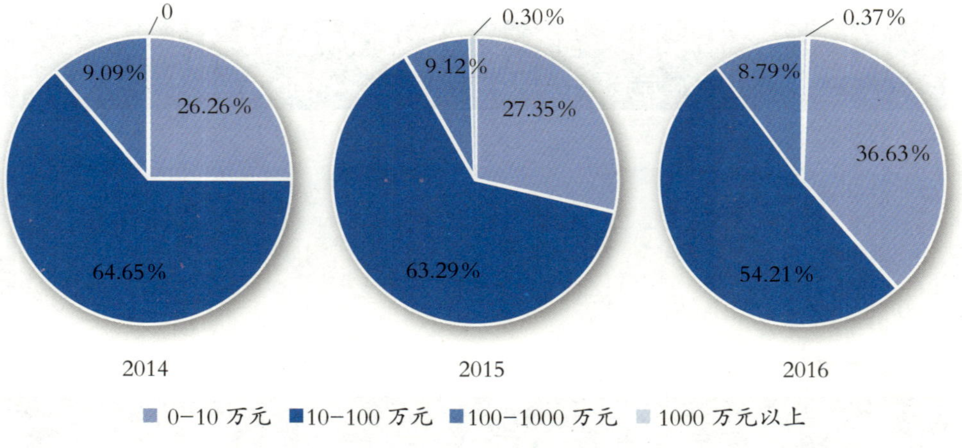

2014、2015 年新金陵画派五位代表性画家的绘画作品成交价格集中在 100 万元以内，是中端市场的主流。从 2016 年新金陵画派五位代表性画家绘画作品成交价格区间分布比率可以看出，100 万元以下这个区间依然占最大的比例。但相比上两个年份，0—10 万元之间占比 36.63%，与 2015 年的 27.35%、2014 年的 26.26% 增幅不小。10—100 万元之间占比 54.21%，与 2014 年的 63.23%、2015 年的 64.65% 减幅 10% 左右，说明价格区间整体上的下降。另一方面，这五位画家之间也有区别，傅抱石作品集中在高端价位，

钱松喦作品集中在中高端价位，宋文治、魏紫熙、亚明作品集中在中低端价位。应当承认，这样的市场表现，与人们对其艺术水准的体认是高度契合的。

3. 成交额：雄踞全省书画家最前列

2016 年新金陵画派五位代表性画家作品成交总额排名

画家	成交总额（万元）	省内书画家作品成交总额排名
钱松喦	4,663.769	2
宋文治	2,538.4	3
魏紫熙	2,257.165	4
傅抱石	1,881.8	5
亚　明	521.09	14
总计	11,862.224	–

在 2016 年江苏文物艺术品拍卖市场个人作品成交总额排行榜上，新金陵画派的五位代表性画家依旧表现不俗，钱松喦、宋文治、魏紫熙、傅抱石分列第二至五名；亚明虽未跻身前十，也位列第十四名。他们的年度总成交额为 11,862.224 万元。

凤凰 2016 秋拍“笔墨当随时代——新金陵画派”专场　Lot146 傅抱石《观涛图》　18×52cm　成交价 322 万元

十竹斋2016春拍“中国近现代书画”专场 Lot422魏紫熙《黄山高秋》 180×95cm 成交价207万元

十竹斋 2016 春拍“中国近现代书画”专场　Lot404 钱松喦《江南锦绣》 42×46cm　成交价 166.75 万元

凤凰2016春拍“笔墨当随时代——新金陵画派”专场 Lot4 钱松喦《长城万里》 45×68cm 成交价40.25万元

凤凰2016春拍“笔墨当随时代——新金陵画派”专场 Lot19 魏紫熙《黄山高秋》 80×120cm 成交价322万元

二、“金陵四老”作品拍卖市场分析

1. 依旧多居中端市场，成交率维持在高位

作为江苏的另一文化特色与品牌，“金陵四老”的书法作品在本省文物艺术品拍卖市场一直表现上佳。

2014 年“金陵四老”作品成交情况

书法家	上拍件数	成交件数	成交率	平均成交单价（万元 / 平方尺）
胡小石	4	1	25%	1.9744
林散之	222	197	88.74%	6.9049
萧　娴	70	54	77.14%	1.0822
高二适	32	31	96.88%	11.7211
总计	328	283	86.28%	–

2015 年“金陵四老”作品成交情况

书法家	上拍件数	成交件数	成交率	平均成交单价（万元 / 平方尺）
胡小石	9	7	77.78%	3.2175
林散之	230	205	89.13%	8.355
萧　娴	66	49	74.24%	1.1847
高二适	22	18	81.81%	7.9084
总计	327	279	85.32%	–

2016 年“金陵四老”作品成交情况[1]

书法家	上拍件数	成交件数	成交率	成交总额（万元）	平均成交单价（万元 / 平方尺）
胡小石	7	6	85.71%	46.805	2.7371
林散之	204	162	79.41%	4,760.777	11.78
萧　娴	42	34	80.95%	122.266	0.8765
高二适	12	9	75%	991.655	28.172
总计	265	211	79.62%	5,921.503	–

这四位书法家的成交率有升有降，较上年升降幅度大体在 10% 左右；总体成交率在近 3 年内最低，为 79.62%。

2014、2015、2016 年“金陵四老”作品平均成交单价对比

（单位：元 / 平方尺）

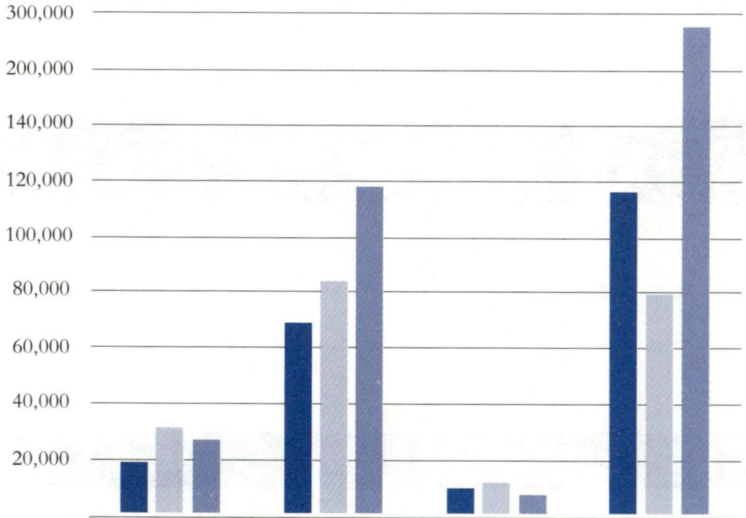

	胡小石	林散之	萧娴	高二适
2014 年作品单价	19,744	69,049	10,822	11,7211
2015 年作品单价	32,175	83,550	11,847	79,084
2016 年作品单价	27,371	117,800	8,765	281,720

[1] 均不含合作作品、组合标的、拍卖图录中作者名后载明“款”的作品及画册。

2016 年，四位书法家中，高二适作品的成交单价由上一年度的 7.9084 万元 / 平方尺飙升至 28.172 万元 / 平方尺，涨幅高达 256.23%；林散之的作品成交单价与 2014 年相比涨幅为 70.6%，与 2015 年相比涨幅为 40.99%。胡小石和萧娴的作品成交单价较上年均有不同幅度的降低。

2. 价格区间：与上年度近似

2014 年"金陵四老"作品成交价格区间

书法家	0—10 万元	10—100 万元	100—1000 万元	1000 万元以上
胡小石	1	0	0	0
林散之	38	154	5	0
萧　娴	50	3	1	0
高二适	12	19	0	0
总计	101	176	6	0

2015 年"金陵四老"作品成交价格区间

书法家	0—10 万元	10—100 万元	100—1000 万元	1000 万元以上
胡小石	3	4	0	0
林散之	25	171	9	0
萧　娴	41	8	0	0
高二适	8	10	0	0
总计	77	193	9	0

2016 年“金陵四老”作品成交价格区间

书法家	成交件数	0—10 万元	10—100 万元	100—1000 万元	1000 万元以上
胡小石	6	5	1	0	0
林散之	162	33	125	4	0
萧　娴	34	33	1	0	0
高二适	9	4	4	1	0
总计	211	75	131	5	0

2014、2015、2016 年“金陵四老”作品成交价格区间分布比率

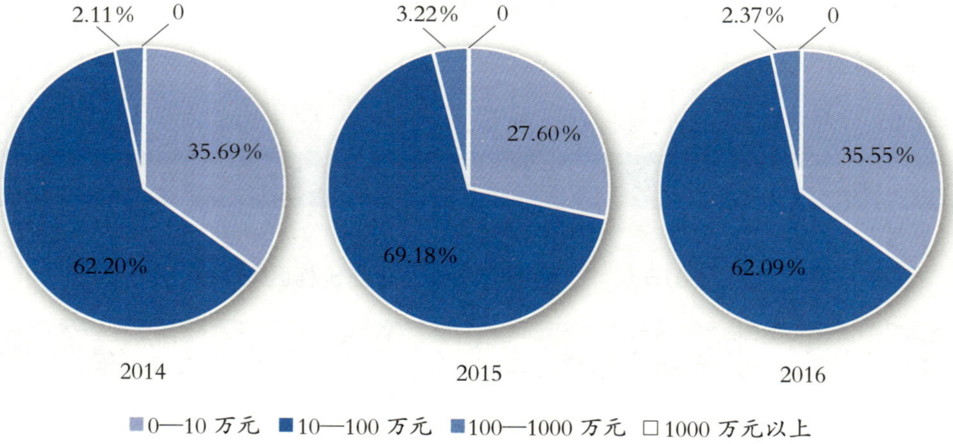

与 2015 年相比，“金陵四老”在价格区间构成上，成交价位于 100—1000 万元间的作品由上一年度的 3.22% 降至 2.37%，数量上也由 9 件减为 5 件，是近 3 年最少的。“金陵四老”作品的主要价格区间依旧稳定在 100 万元以内，其中有 75 件作品位于 10 万元以内，占比 35.55%，较上一年度略升；131 件作品在 10—100 万元之间，占比 62.09%，较上一年度略降。1000 万元以上的拍品在“金陵四老”中仍为空白。

3. 成交额表现：两位“草圣”高居前列

2016 年“金陵四老”作品成交总额排名

书法家	省内书画家作品成交总额前二十中位次	成交总额（万元）
林散之	1	4,760.777
高二适	11	991.655
胡小石	–	46.805
萧 娴	–	122.266
总计	–	5,921.503

2016 年，林散之的作品在省内文物艺术品拍卖市场个人作品成交总额的排名中，以 4,760.777 万元高居榜首；另一位“草圣”高二适则以 991.655 万元排名第十一。

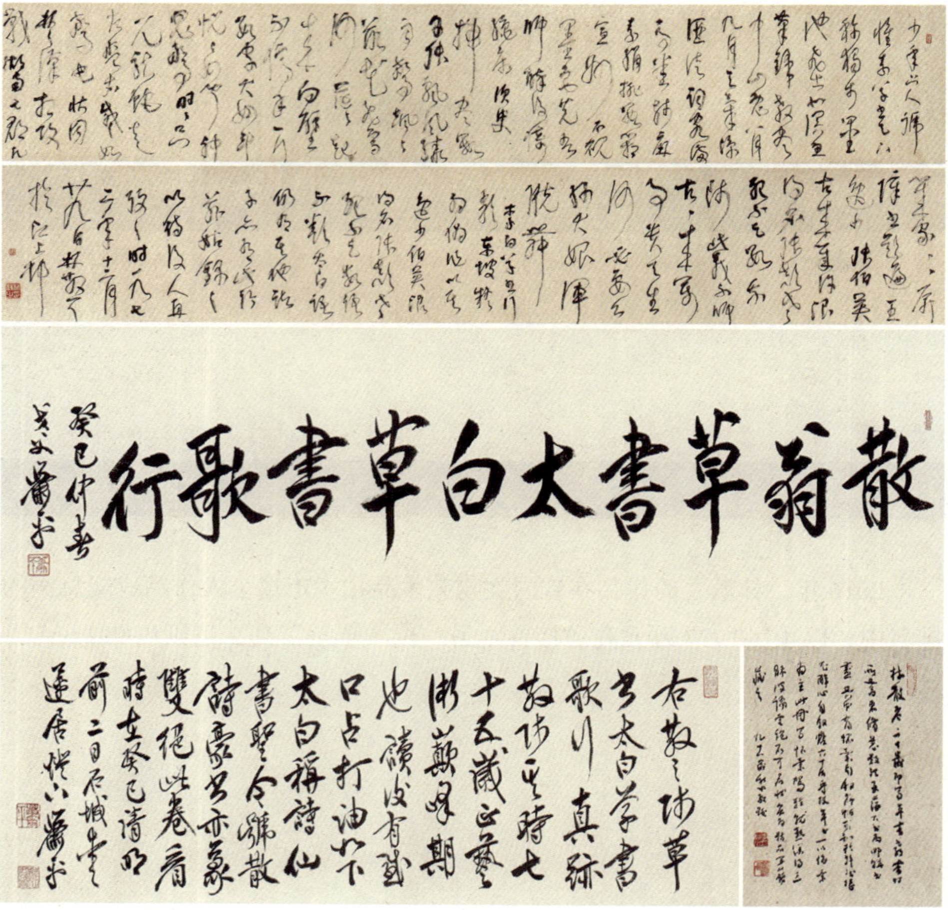

经典 2016 秋拍“一代草圣——林散之书画”专场　Lot714 林散之《李太白草书歌行》 28×330cm　成交价 345 万元

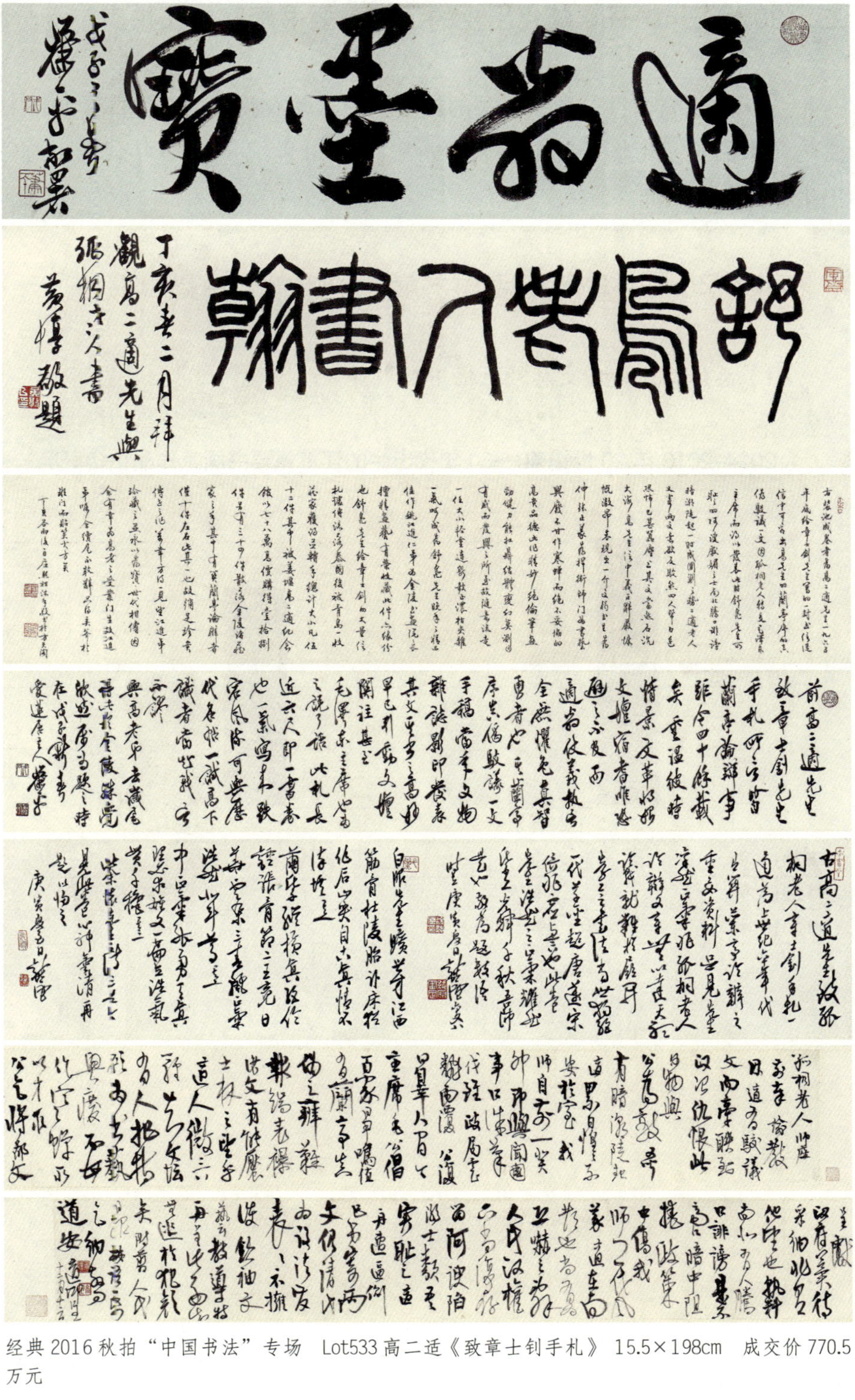

经典 2016 秋拍“中国书法”专场　Lot533 高二适《致章士钊手札》 15.5×198cm　成交价 770.5 万元

三、20 世纪 40—80 年代出生的江苏重要书画家作品拍卖市场分析

为深入探究在世书画家作品的拍卖情况，此次我们仍然凭依《2015 江苏文物艺术品拍卖市场研究报告》的办法，对 20 世纪 40—80 年代的书画家按出生年代分别研究。

1. 20 世纪 40—60 年代出生的江苏重要书画家作品拍卖市场分析

（1）总体描述：成交总额巨幅下跌

2014–2016 年 20 世纪 40—60 年代出生的江苏重要书画家作品拍卖概况

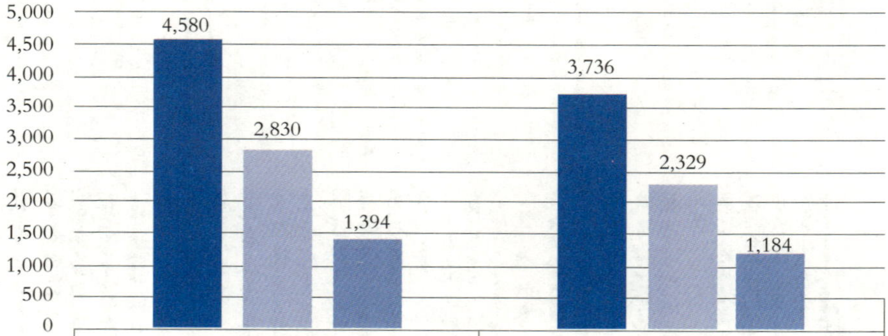

	上拍件数	成交件数
2014 年	4,580	3,736
2015 年	2,830	2,329
2016 年	1,394	1,184

2014—2016 年 20 世纪 40—60 年代出生的江苏重要书画家作品拍卖总成交率

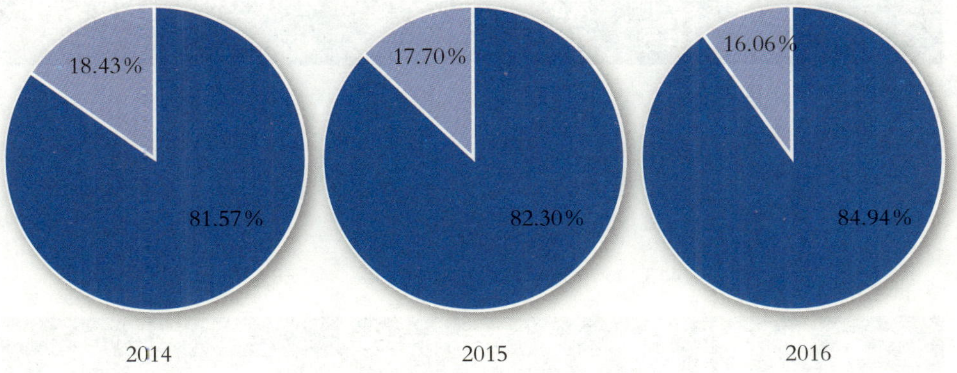

2016 年，20 世纪 40—60 年代出生的江苏重要书画家的作品，在上拍量、成交量上均较上一年度大幅减少。就上拍件数而言，2014 年 4,580 件，2015 年 2,830 件，2016 年为 1,394 件，逐年减半。就成交总量而言，由 2014 年的 3,736 件、2015 年的 2,329 件，缩减到 2016 年的 1,184 件，与 2015 年同比减少了 50.74%，幅度较大；而成交率，从上一年度的 82.3% 略增至 84.94%，与 2014 年的 81.57% 相比也基本持平。

2014 年 20 世纪 40—60 年代出生的江苏重要书画家作品拍卖详情

代际划分	上拍件数	成交件数	总成交额（万元）	平均成交价（元 / 件）	平均成交单价（元 / 平方尺）
20 世纪 40 年代出生书画家作品	1,079	801	5,115.7045	63,866	18,104
20 世纪 50 年代出生书画家作品	2,840	2,426	40,903.7236	168,605	57,295
20 世纪 60 年代出生书画家作品	661	509	2,831.5027	55,629	16145
总　计	4,580	3,736	48,850.9308	–	–

2015 年 20 世纪 40—60 年代出生的江苏重要书画家作品拍卖详情

代际划分	上拍件数	成交件数	总成交额（万元）	平均成交价（元 / 件）	平均成交单价（元 / 平方尺）
20 世纪 40 年代出生书画家作品	699	548	2,229.9933	40,693	13,893
20 世纪 50 年代出生书画家作品	1,718	1,445	12,408.3243	85,871	35,408
20 世纪 60 年代出生书画家作品	413	336	1,971.8483	58,686	15,458
总　计	2,830	2,329	16,610.1659	–	–

2016 年 20 世纪 40—60 年代出生的江苏重要书画家作品拍卖详情

代际划分	上拍件数	成交件数	总成交额（万元）	平均成交价（元 / 件）	平均成交单价（元 / 平方尺）
20 世纪 40 年代出生书画家作品	349	277	865.6863	29,851.25	5,785
20 世纪 50 年代出生书画家作品	718	614	2,208.2700	37,491.85	8,112.2128
20 世纪 60 年代出生书画家作品	327	293	2,259.3274	84,745.94	20,878.3281
总　计	1,394	1,184	5,333.2837	–	–

在成交额方面，由于上拍数量的锐减，2016 年的总成交额较前两年严重缩水，2014 年的成交总额为 48,850.9308 万元，2015 年的成交总额为 16,610.1659 万元，而 2016 年的成交总额为 5,333.2837 万元，仅为 2014 年的一成多。但上表中也有一个和总体趋势相反的数据，就是 20 世纪 60 年代出生的书画家作品的平均成交单价逆向提升，由上年度的 15,458 元 / 每平方尺提升至 20,878.3281 元 / 每平方尺。这或许可以表明，拍卖企业在减量提质上取得了显著成效。

（2）20 世纪 40 年代出生的江苏重要书画家作品成交情况

20 世纪 40 年代出生的江苏重要书画家，有萧平、赵绪成、方骏、杨明义、宋玉麐、刘二刚、朱道平等。

第一，成交率近 3 年基本持平。

2014、2015、2016 年 20 世纪 40 年代出生的江苏重要书画家作品成交率

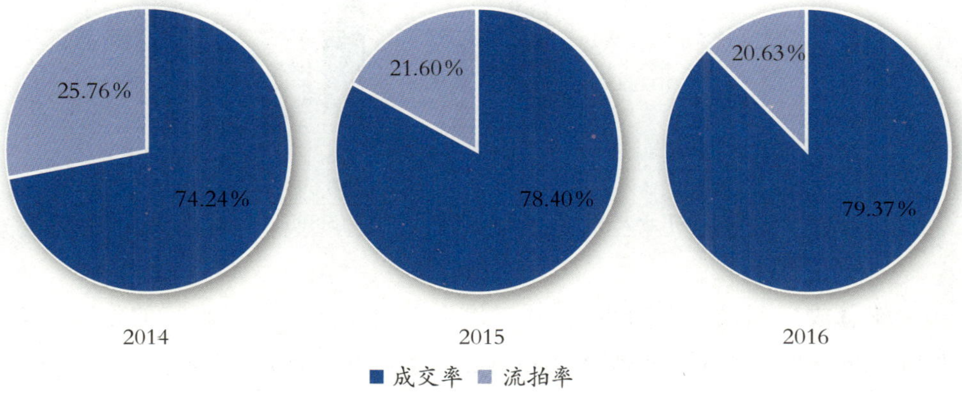

2016 年，20 世纪 40 年代出生的江苏重要书画家的作品共上拍 349 件，较 2015 年度的 699 件、2014 年度的 1,079 件都大幅减少。成交 277 件，成交率为 79.37%，与前两年基本持平。

第二，成交总额、平均成交价及平均成交单价直线下跌。

近 3 年 20 世纪 40 年代出生的江苏重要书画家作品成交总额

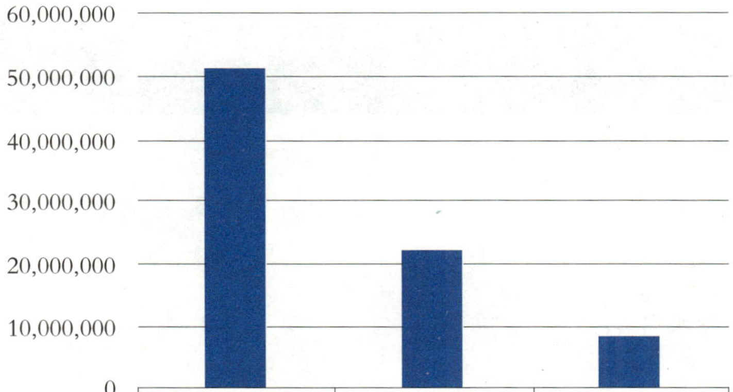

	2014 年	2015 年	2016 年
■ 成交总额（元）	51,157,045	22,299,933	8,656,863

近 3 年 20 世纪 40 年代出生的江苏重要书画家作品成交价

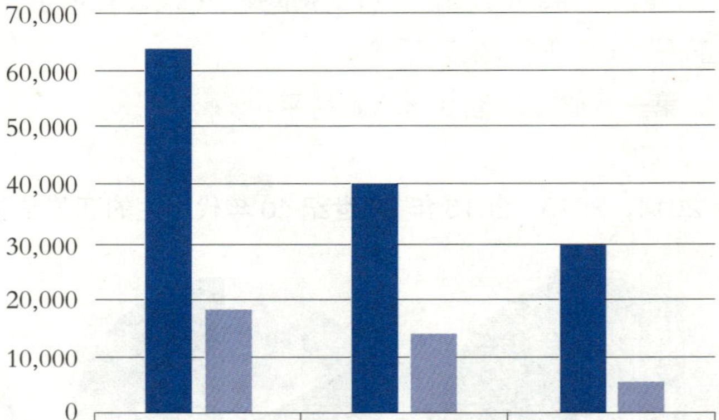

	2014 年	2015 年	2016 年
■ 平均成交价（元 / 件）	63,866	40,693	29,851
■ 平均成交单价（元 / 平方尺）	18,104	13,893	5,785

就总成交额而言，20 世纪 40 年代出生的江苏重要书画家的作品，由 2014 年的 5,115.7045 万元跌至 2015 年的 2,229.9933 万元，到 2016 年进一步减少到 865.6863 万元。就平均成交价格而言，由 2014 年度的 63,866 元 / 件跌落至 2015 年的 40,693 元 / 件，到 2016 年再度缩至 29,851 元 / 件。而在平均成交单价方面，2016 年也呈现下降的趋势，2014 年为 18,104 元 / 平方尺，2015 年为 13,893 元 / 平方尺，2016 年为 5,785 元 / 平方尺。

第三，价格区间：依旧集中在低价位。

近 3 年 20 世纪 40 年代出生的江苏重要书画家作品成交价格区间分布

价格区间（万元）	年份 · 成交作品数量（件）		
	2014 年	2015 年	2016 年
0—10 万元	643	483	262
10—100 万元	156	63	15
100—1000 万元	2	2	0
1000 万元以上	0	0	0

就作品的成交价格区间看，江苏文物艺术品拍卖市场上，20世纪40年代出生的江苏重要书画家的作品仍然主要集中在10万元以内的低价位，2016年该价格区间内的作品数量由上年度的483件减少至262件。10—100万元的区间内，2016年为15件，较上年度的63件缩减了48件，较2014年的156件缩减了141件。100—1000万元这个区间没有作品成交。

经典2016秋拍“艺术南京”专场 Lot854 萧平《柳宗元诗意图》 47×76cm 成交价40.25万元

经典2016秋拍“中国书画”专场 Lot264 朱道平《秋山清赏图》 26×230cm 成交价28.75万元

（3）20世纪50年代出生的江苏重要书画家作品成交情况

20世纪50年代出生的江苏重要书画家，有朱新建、薛亮、江宏伟、徐乐乐、周京新、范扬、孙晓云、张友宪、叶烂、吴冠南、徐培晨、徐建明等。

第一，成交量骤减，成交率持平。

2014、2015、2016 年 20 世纪 50 年代出生的江苏重要书画家作品成交率

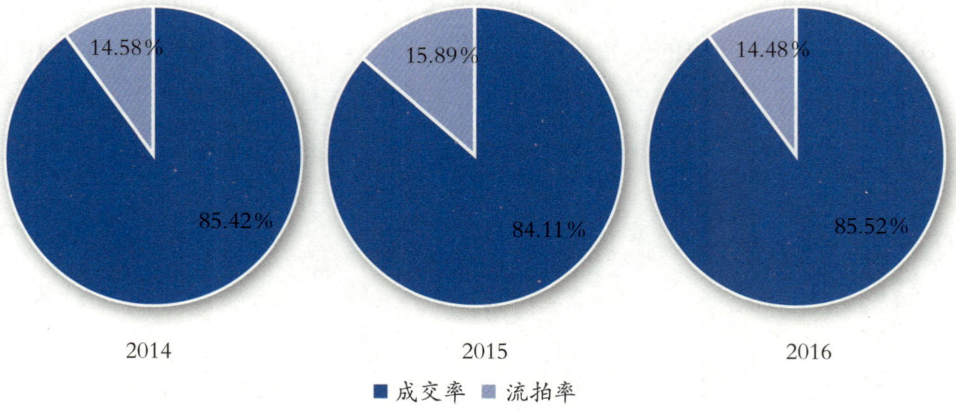

2016 年，上世纪 50 年代出生的江苏重要书画家的作品共上拍 718 件，较 2014 年度的 2,840 件、2015 年度的 1,718 件再次骤减。成交 614 件；成交率为 85.52%，与前两年基本持平。

第二，成交总额、平均成交价及平均成交单价直线跌落。

近 3 年 20 世纪 50 年代出生的江苏重要书画家作品成交总额

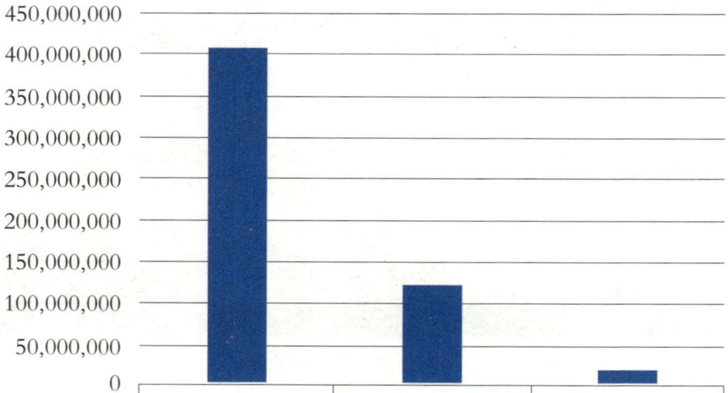

	2014 年	2015 年	2016 年
■ 成交总额（元）	409,037,236	124,083,243	22,082,700

近 3 年 20 世纪 50 年代出生的江苏重要书画家作品成交价

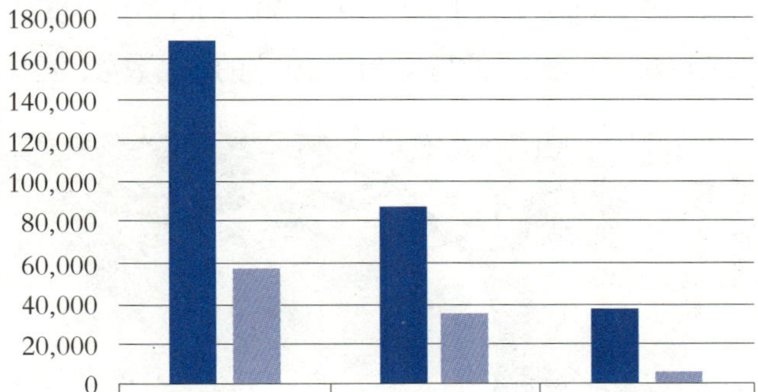

	2014 年	2015 年	2016 年
平均成交价（元 / 件）	168,605	85,871	37,491
平均成交单价（元 / 平方尺）	57,295	35,408	8,112

就总成交额而言，20 世纪 50 年代出生的江苏重要书画家的作品，由 2014 年的 40,903.7326 万元缩至 2015 年的 12,408.3243 万元，到 2016 年进一步减少到 2,208.27 万元。就平均成交价格而言，由 2014 年度的 168,605 元 / 件跌落至 2015 年的 85,871 元 / 件，到 2016 年进一步跌落至 37,491 元 / 件。而在平均成交单价方面，2016 年也呈现下降的趋势，由 2014 年度的 57,295 元 / 平方尺降至 35,408 元 / 平方尺，2016 年仅为 8,112.2128 元 / 平方尺。

第三，价格区间：进一步向低价位集中。

近 3 年 20 世纪 50 年代出生的江苏重要书画家作品成交价格区间分布

价格区间	年份 · 成交作品数量（件）		
	2014 年	2015 年	2016 年
0—10 万元	1,355	948	566
10—100 万元	1,048	486	47
100—1000 万元	22	11	1
1000 万元以上	1	0	0

就作品的成交价格区间看，江苏文物艺术品拍卖市场上，20 世纪 50 年代出生的江苏重要书画家的作品依然集中在 10 万元以内的低价位，2016 年该价

格区间内的作品占全年总成交的92.18%，这一比例是近3年最高的（2014年为55.85%，2015年则为65.61%）。10—100万元的中端价位、100—1000万元的高价位及1,000万元以上的超高价位内成交的作品数量，占比远低于前两年。

经典2016秋拍“艺术南京”专场 Lot888 范扬《伏虎罗汉图》 50×133cm 成交价32.2万元

两汉2016四季拍“金陵墨韵”专场 Lot87 周京新《替天行道》 96×181cm 成交价50.4万元

两汉2016四季拍“金陵墨韵”专场 Lot90 周京新《水浒人物手卷》 52×466cm 成交价62.15万元

经典 2016 秋拍“艺术南京”专场 Lot852 徐乐乐《寿星图》 49×45cm 成交价 132.25 万元

十竹斋 2016 春拍“中国当代书画”专场　Lot825 薛亮《春风染碧色》 88×56cm　成交价 57.5 万元

经典 2016 秋拍“艺术南京”专场 Lot867 薛亮《山居在云中》 94×54cm 成交价 54.05 万元

凤凰 2016 秋拍“笔墨当随时代——新金陵画派”专场
Lot82 薛亮《碧云湖山》
67.5×68cm　成交价 62.1 万元

十竹斋 2016 春拍“中国当代书画”专场　Lot810 江宏伟《芦苇深处》 70×65.5cm　成交价 39.1 万元

（4）20 世纪 60 年代出生的江苏重要书画家作品成交情况

20 世纪 60 年代出生的江苏重要书画家，有管峻、喻慧、李啸、刘灿铭等。

第一，上拍量缩减，成交率攀升。

2014、2015、2016 年 20 世纪 60 年代出生的江苏重要书画家作品成交率

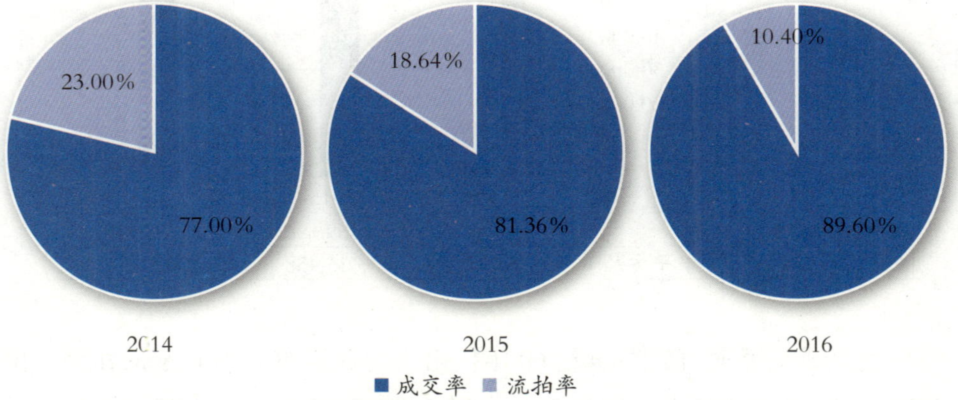

2016 年，20 世纪 60 年代出生的江苏重要书画家的作品共上拍 327 件，较 2015 年度的 413 件、2014 年度的 661 件都相应减少。成交 293 件；成交率为 89.6%，较上一年度的 81.36% 有小幅增长，与 2014 年的 77% 相比增长更加显著。

第二，成交总额、平均成交价提升。

近 3 年 20 世纪 60 年代出生的江苏重要书画家作品成交总额

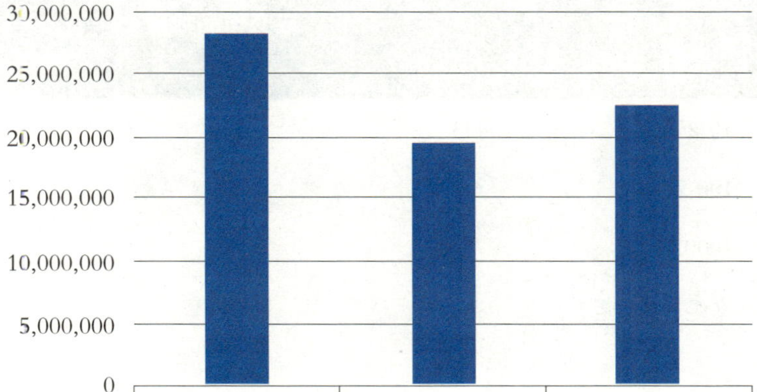

	2014 年	2015 年	2016 年
成交总额（元）	28,315,027	19,718,483	22,593,274

近 3 年 20 世纪 60 年代出生的江苏重要书画家作品成交价

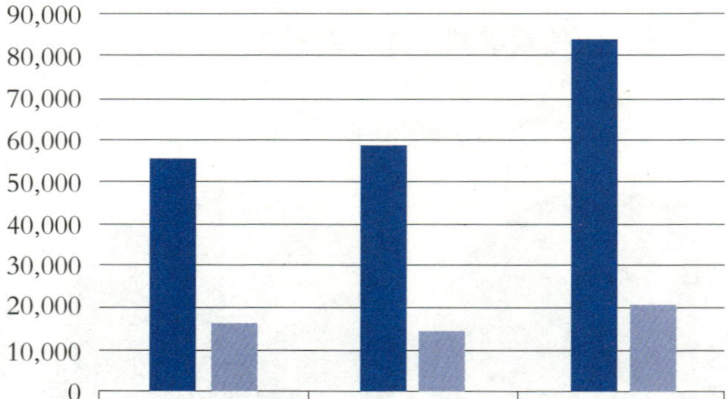

	2014 年	2015 年	2016 年
■ 平均成交价（元 / 件）	55,629	58,686	84,746
■ 平均成交单价（元 / 平方尺）	16,145	15,458	20,878

就总成交额而言，20 世纪 60 年代出生的江苏重要书画家的作品，由 2014 年的 2,831.5027 万元跌至 2015 年的 1,971.8483 万元，到 2016 年回升至 2,259.3274 万元。就平均成交价格而言，由 2014 年度的 55,629 元 / 件小幅增至 2015 年的 58,686 元 / 件，到 2016 年剧增至 84,746 元 / 件。而在平均成交单价方面，2016 年也呈提升态势，2014 年为 16,145 元 / 平方尺，2015 年为 15,458 元 / 平方尺，2016 年则为 20,878 元 / 平方尺。

第三，价格区间：同样集中在低价位。

近 3 年 20 世纪 60 年代出生的江苏重要书画家作品成交价格区间分布

价格区间	年份 · 成交作品数量（件）		
	2014 年	2015 年	2016 年
0—10 万元	443	298	259
10—100 万元	65	36	34
100—1000 万元	1	2	0
1000 万元以上	0	0	0

就作品的成交价格区间来看，江苏文物艺术品拍卖市场上，20 世纪 60 年代出生的江苏重要书画家的作品仍然集中在 10 万元以内的低价位，2016 年该价格区间内成交的作品占 88.4%（2014 年为 87.03%，2015 年为 88.69%）。

总体而言，从这三个代际的江苏重要书画家的作品拍卖情况能够看出，2016 年，江苏的拍卖企业对每个代际的书画家作品都缩减了上拍数量。其中，上世纪 60 年代出生的书画家们的作品，在成交总额、平均成交价、平均成交单价上均较前两年表现良好，呈温和上升之势。

2. 20 世纪 70 和 80 年代出生的江苏青年书画家作品拍卖市场分析

（1）总体描述：上拍件数、成交总额都成倍下跌

2016 年，20 世纪 70 和 80 年代出生的江苏青年书画家的作品，在本省文物艺术品拍卖市场中共上拍 405 件，较诸 2014 年的 1,167 件、2015 年的 617 件，都呈下降之势。而在成交数量上，也只有 287 件，成交率 70.86%。

2014 年 20 世纪 70 和 80 年代出生的江苏青年书画家拍卖详情

代际划分	上拍件数	成交件数	成交总额（万元）	平均成交价（元 / 件）	平均成交单价（元 / 平方尺）
20 世纪 70 年代出生书画家作品	853	700	2,384.1105	34,059	11,812
20 世纪 80 年代出生书画家作品	314	281	364.0241	12,954	5,060
总计	1,167	981	2,748.1346	–	–

2015 年 20 世纪 70 和 80 年代出生的江苏青年书画家拍卖详情

代际划分	上拍件数	成交件数	成交总额（万元）	平均成交价（元 / 件）	平均成交单价（元 / 平方尺）
20 世纪 70 年代出生书画家作品	424	346	956.0053	27,630	9,065
20 世纪 80 年代出生书画家作品	193	162	239.6068	14,791	4,881
总计	617	508	1,204.6121	–	–

2016 年 20 世纪 70 和 80 年代出生的江苏青年书画家拍卖详情

代际划分	上拍件数	成交件数	成交总额（万元）	平均成交价（元 / 件）	平均成交单价（元 / 平方尺）
20 世纪 70 年代出生书画家作品	314	227	590.0878	25,995	9,985
20 世纪 80 年代出生书画家作品	91	60	60.7259	10,121	2,782
总计	405	287	650.8137	–	–

近 3 年 20 世纪 70 和 80 年代出生的江苏青年书画家作品成交总额

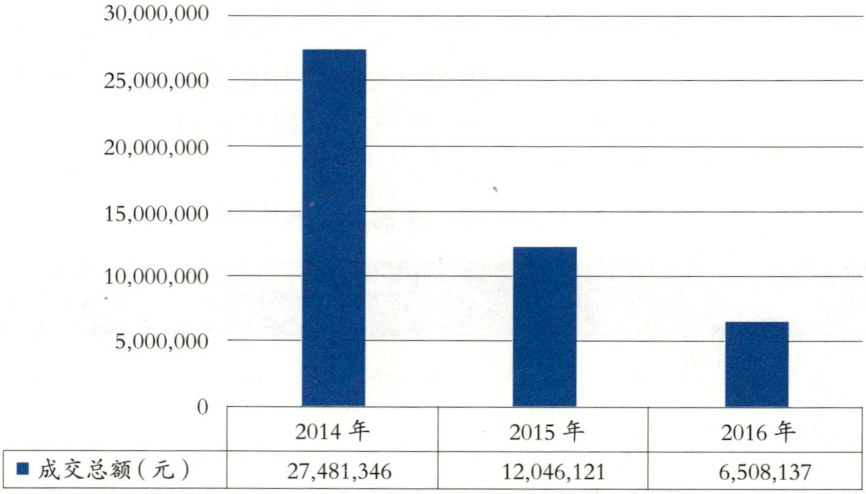

从成交总额看，2016 年跌幅很大，从 2015 年的 1,204.6121 万元跌落至 650.8137 万元，跌幅为 45.97%。这一成交总额，只相当于 2014 年的 23.69%。

（2）20 世纪 70 年代出生的江苏青年书画家作品成交情况

第一，成交率小幅下跌。

2014、2015、2016 年 20 世纪 70 年代出生的江苏青年书画家作品成交率

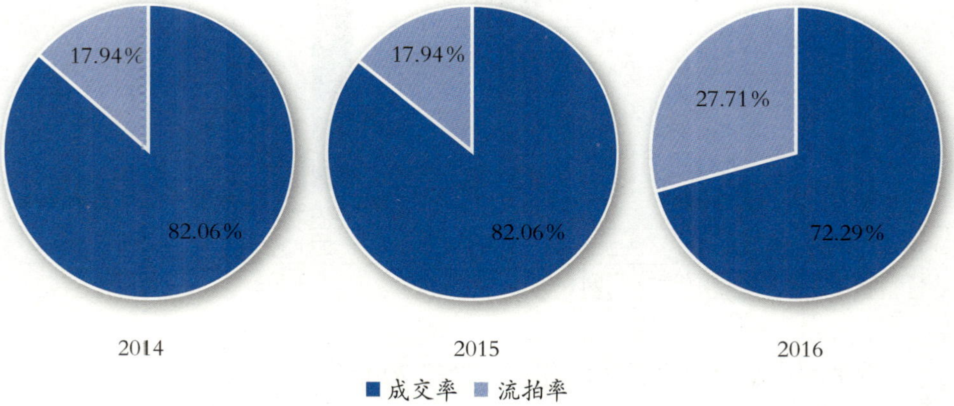

2016 年，20 世纪 70 年代出生的江苏青年书画家作品成交率为 72.29%，较 2015 年度的 81.60%、2014 年度的 82.06% 都有所下降。

第二，成交总额大幅缩水，平均成交价及平均成交单价基本平稳。

近 3 年 20 世纪 70 年代出生的江苏青年书画家作品成交总额

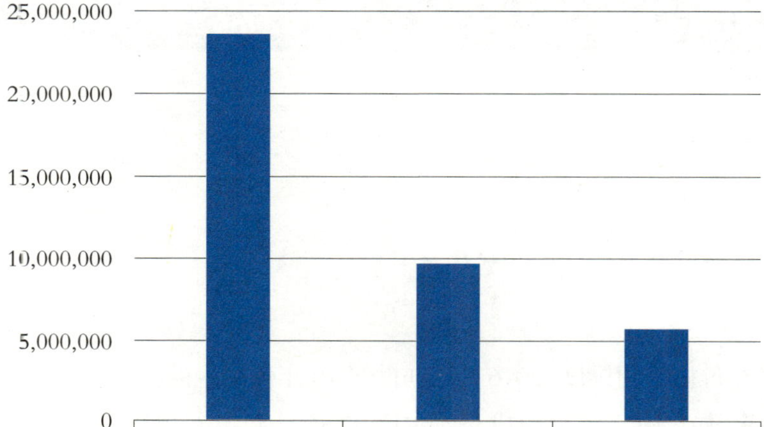

	2014 年	2015 年	2016 年
■ 成交总额（元）	23,841,105	9,560,053	5,900,878

近 3 年 20 世纪 70 年代出生的江苏青年书画家作品成交价

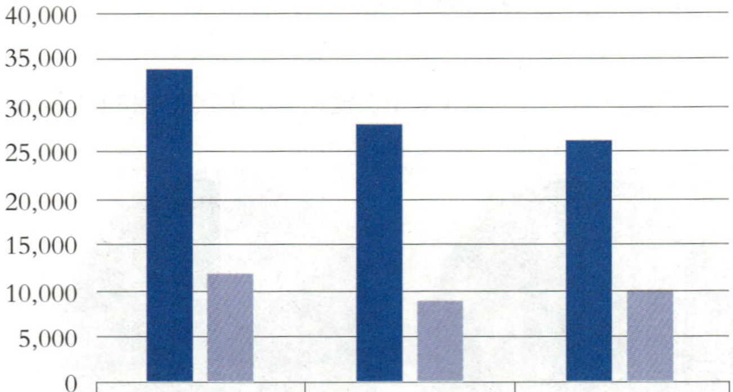

	2014 年	2015 年	2016 年
■ 平均成交价（元 / 件）	34,059	27,630	25,995
■ 平均成交单价（元 / 平方尺）	11,812	9,065	9,985

就平均成交价而言，2016 年，上世纪 70 年代出生的江苏青年书画家的作品为 25,995 元 / 件，较上一年度的 27,630 元 / 件略降。而就平均成交单价而言，三个年度的数据基本持平。

第三，价格区间：过 10 万元者寥若晨星。

近 3 年 20 世纪 70 年代出生的江苏青年书画家作品成交价格区间分布

价格区间	年份・成交作品数量（件）		
	2014 年	2015 年	2016 年
0—10 万元	657	324	222
10—100 万元	42	22	5
100—1000 万元	1	0	0
1000 万元以上	0	0	0

在价格区间维度，2016 年，20 世纪 70 年代出生的江苏青年书画家的作品，绝大多数在 10 万元以内成交，占比 97.8%；仅有 5 件作品位于 10—100 万元的区间内。100 万元以上为零。

（3）20 世纪 80 年代出生的江苏青年书画家作品成交情况

第一，上拍量、成交率双双缩减。

2014、2015、2016 年 20 世纪 80 年代出生的江苏青年书画家作品成交率

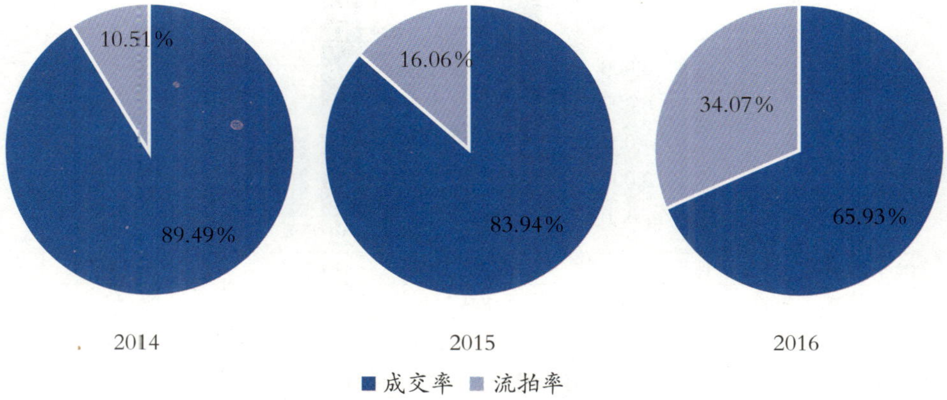

2016 年，20 世纪 80 年代出生的江苏青年书画家的作品共上拍 91 件，成交 60 件，成交率为 65.93%。与上年度相比，上拍量减少了 102 件，成交率下降了 18.01%。与 2014 年相比，上拍量减少 223 件，成交率下降了 23.56%。

第二，成交总额、平均成交价及平均成交单价大幅缩水。

近 3 年 20 世纪 80 年代出生的江苏青年书画家作品成交总额

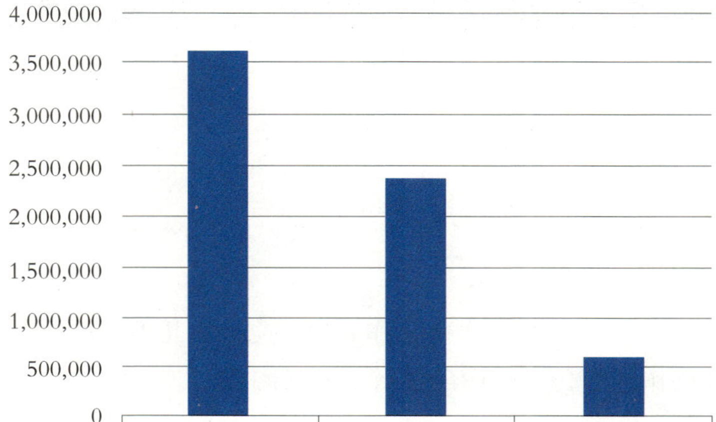

	2014 年	2015 年	2016 年
成交总额（元）	3,640,241	2,396,068	607,259

近 3 年 20 世纪 80 年代出生的江苏青年书画家作品平均成交价

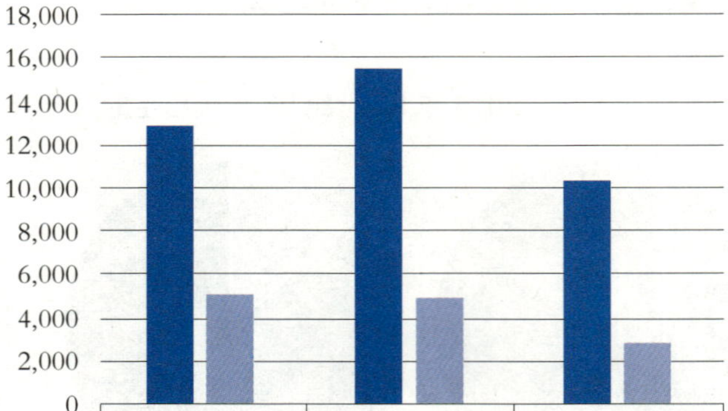

	2014 年	2015 年	2016 年
■平均成交价（元 / 件）	12,954	14,791	10,121
■平均成交单价（元 / 平方尺）	5,060	4,881	2,782

成交总额大幅缩水，由 2014 年的 364.0241 万元，降至 2015 年的 239.6068 万元，再降至 2016 年的 60.7259 万元。从平均成交价可以看出，2015 年较 2014 年略有增长，但 2016 年回落至 10,121 元 / 件。而平均成交单价则低至 2,782 元 / 平方尺，较上年几乎跌去一半。

第三，价格区间：仅 1 件拍品过 10 万元。

近 3 年 20 世纪 80 年代出生的江苏青年书画家作品成交价格区间分布

价格区间	年份 · 成交作品数量（件）		
	2014 年	2015 年	2016 年
0—10 万元	279	159	59
10—100 万元	2	3	1
100—1000 万元	0	0	0
1000 万元以上	0	0	0

2016 年，这一代际书画家作品的成交价格几乎全部位于 10 万元以内，仅有 1 件作品在 10—100 万元这个价格区间内。

凤凰2016春拍“笔墨当随时代——新金陵画派”专场　Lot52 周雪《游梦》系列——热带雨林
110×68cm　成交价 40.25 万元

四、特色专场、夜场

2016年，因应中国文物艺术品拍卖低位盘整的新常态，江苏的拍卖企业在整体缩减上拍量的同时，也深入发掘资源，以学术为先导，构建了若干独具特色的拍卖专场，如经典秋拍的“三百年来第一流——吕凤子书画”专场，经典春拍、秋拍的“艺术南京”专场，“大美——古代书画”专场，“一代草圣——林散之书画”专场，“魔语——董欣宾书画”专场，“禅画宗师——圆霖法师书画”专场，凤凰春拍、秋拍的“笔墨当随时代——新金陵画派专场”，海德春拍的“左笔巨匠——傅小石作品专场”，“宋氏一门——宋文治、宋玉麐、宋玉明作品专场”，以及沧海秋拍的“观澜”夜场，等等。这些专场大都因艺术家而设，作品集中而全面，拍卖图录中对艺术家的生平事迹和艺术成就也大都做了细致的梳理介绍。今择述一二，以见其效。

1.“三百年来第一流——吕凤子书画”专场

吕凤子（1886—1959），原名濬，字凤痴，以号行，别署凤先生。江苏丹阳人。早年毕业于南京两江优级师范学堂图画手工科，后任两江师范附属中学教师，北京女子高等师范教授兼专科主任，上海美术专科学校教授兼教务主任，江苏省立第六中学校长，南京中央大学教授、艺术系国画组主任兼大学研究院研究员，国立艺术专科学校校长，苏南文化教育学院艺术系教授，江苏师范学院图画制图系主任兼中央美术学院民族美术研究所研究员，江苏省国画院筹备委员会主任等职。先后创办神州美术院、正则女子职业学校、正则艺术专科学校。吕凤子是中国近现代著名画家、书法家和艺术教育家，职业教育的重要发轫者，“新金陵画派”的先驱和最重要缔造者之一，也是徐悲鸿、刘海粟、李可染、吴冠中等大家的老师。徐悲鸿曾评价他曰：“承历世传统，开当代新风，三百年来第－一流。”南京本地著名的书画家、鉴赏家、收藏家、艺术史学者萧平对他也评价甚高，称凤先生为“美与善的典范”。作为中国画从传统走向现代的关键人物，吕凤子在民国初期就确立了自己的艺术声望；而作为中国美术教育事业的泰斗，其地位之崇高、声名之远播，自当不言而喻。然而，凤先生平生奉献无私，虽笔境超群、高古，但多为赠人之作，毫无展览售画之意。长期以来，其书画作品在文物艺术品拍卖市场上一直处于中低端价位。有鉴于此，2016 年秋，值吕凤子诞辰 130 周年之际，南京经典特别推出“三百年来第一流——吕凤子书画”专场，得到各界人士的广泛好评。

“三百年来第一流——吕凤子书画”专场，集纳吕凤子的书法、绘画作品及签名照片共 14 件，详情如下：

经典 2016 秋拍“三百年来第一流——吕凤子书画”专场作品成交情况

图录号	作品	类别	尺寸	面积	估价（万元）	成交价（万元）
751	临江仙	国画	94×40	3.4	10—15	23
752	梅石双清	国画	81.5×36	2.6	8—10	12.65
753	虬枝古梅	国画	70×39	2.5	5—8	9.43
754	梅石	国画	24×288	6.2	12—15	21.275
755	松下罗汉	国画	69×43.5	2.7	15—20	33.35
756	劲松高士	国画	67×33	2	18—25	48.3
757	喜上眉梢	国画	72×35	2.3	18—25	46
758	自在寻诗	国画	67×33	2	18—25	36.8
759	苍松	国画	148×33	4.4	8—10	9.775
760	笑面罗汉	国画	46.5×34	1.4	8—10	12.65
761	茂松	国画	82×43	3.2	8—10	13.8
762	留园一角	书法	22×75	1.5	1—2	2.565
763	信札	书法	29×41	1.1	2—3	5.98
764	签名自画像照片	书法	13×9	0.1	1—2	4.83

本专场成交率 100%，总成交额为 281.405 万元，是总低估价的 2.13 倍（总低估价共 132 万元）。其中最高价拍品为《劲松高士》（图录号 756）。事实上，吕凤子作品全年在江苏文物艺术品拍卖市场共上拍 27 件，本专场占 51.85%；成交 24 件，本专场占 58.33%；总成交额 370.925 万元，本专场占 75.87%，集团优势非常明显。

吕凤子作品存世量不大，可以在文物艺术品市场上流通者更少，现藏者得即宝之，一般不愿割爱，本专场一次推出14件拍品，工作人员蒐集之劳可以想见，而其成交实绩亦良足相慰。事实上，2016年，“爱莲居珍藏吕凤子书画真迹展”和“游于艺——萧平书画回顾展”双个展（保利艺术博物馆，6月2—10日。保利文化集团主办，保利艺术博物馆、保利拍卖协办）、纪念巨匠吕凤子诞辰130周年全国书画名家邀请展（重庆美术馆，7月3—24日。中共重庆市委宣传部、重庆市文化委员会、重庆市文学艺术界联合会主办，重庆市美术家协会、重庆市书法家协会、重庆美术馆、中共重庆市璧山区委宣传部承办）、纪念吕凤子诞辰130周年研讨会和书画展（江苏丹阳，7月5日。中共丹阳市委宣传部、文广新局、文联等单位主办）、苏风艺韵——纪念吕凤子诞辰130周年全国书画名家邀请展（江苏省现代美术馆，7月7—12日。江苏省文联、中共丹阳市委主办）等纪念活动次第举办，经典这个专场的推出可谓正逢其时。经此一役，吕凤子先生的艺术不但为更多人所认知，也获得了更好的市场评价。

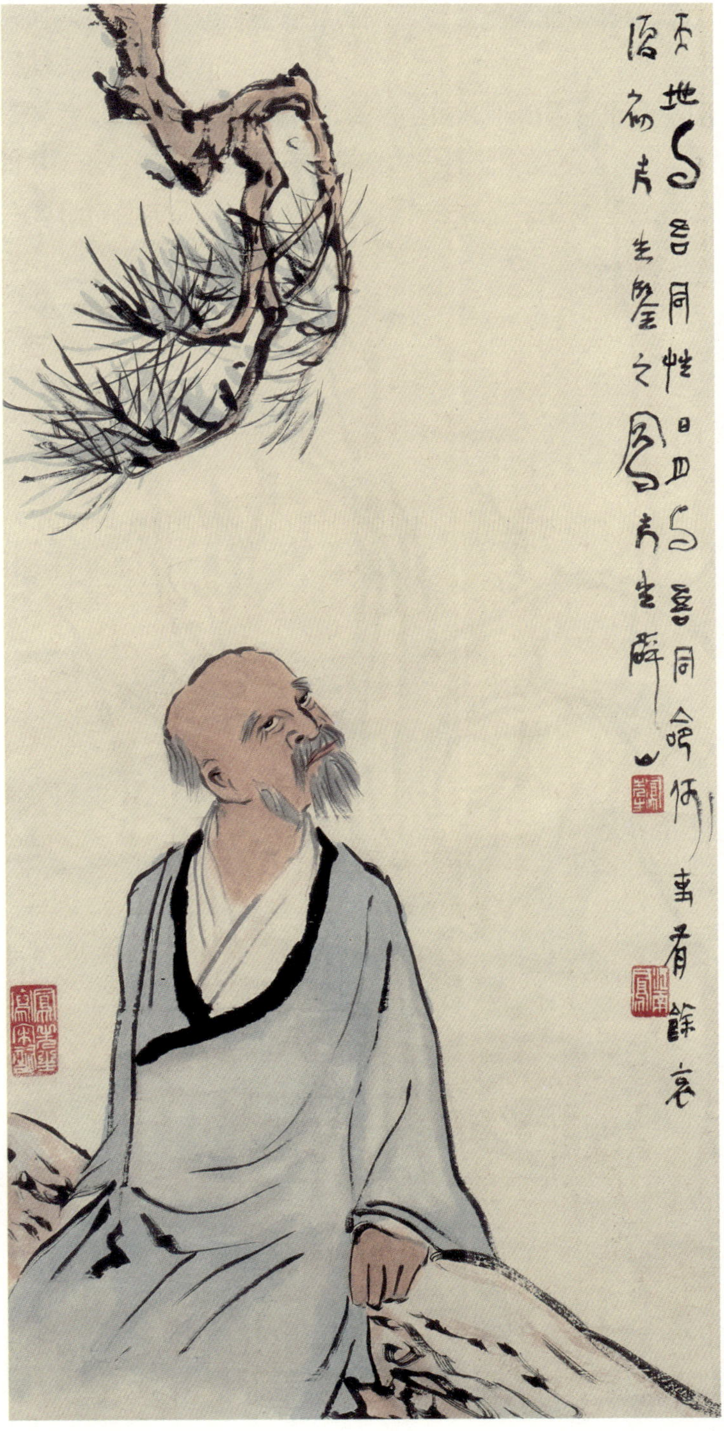

经典 2016 秋拍“三百年来第一流——吕凤子专场”专场　Lot756 吕凤子《劲松高士》 67×33cm　成交价 48.3 万元

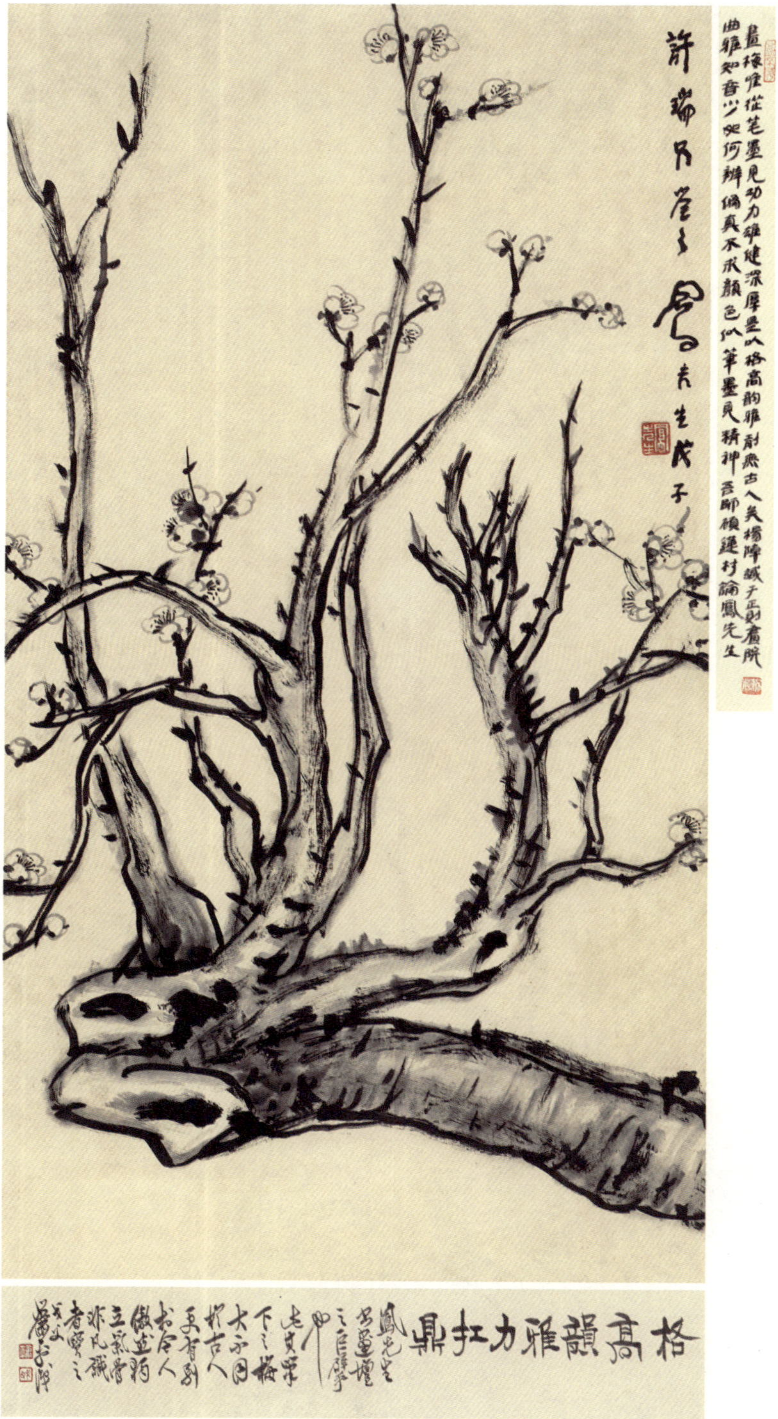

经典2016秋拍“三百年来第一流——吕凤子专场”专场　Lot753 吕凤子《虬枝古梅》
70×39cm　成交价9.43万元

2.“大美——古代书画”专场

江苏的书画市场向来以近现代书画为主，但就全国范围来看，古代书画则是高价位拍品成交的重镇。

南京经典 2016 秋拍推出的“大美——古代书画”专场，汇集了 22 件明清书画作品，其中不乏精品，如吴门四家之一的文征明的行草作品、清初四王之一的王翚的大青绿山水作品、清初四僧之一的石涛的诗书画卷、金陵画派重要人物高岑的《烟江松岭图》及扬州画派重要人物郑燮、黄慎的人物、花卉作品，等等。其中尤以王翚大青绿精品《桃源图》最为重要。本专场 22 件拍品全部成交，总成交额 3012 万元。封面拍品石涛《诗书画卷》经过 27 轮激烈竞价，最终以 787.75 万元成交，成为本场标王。

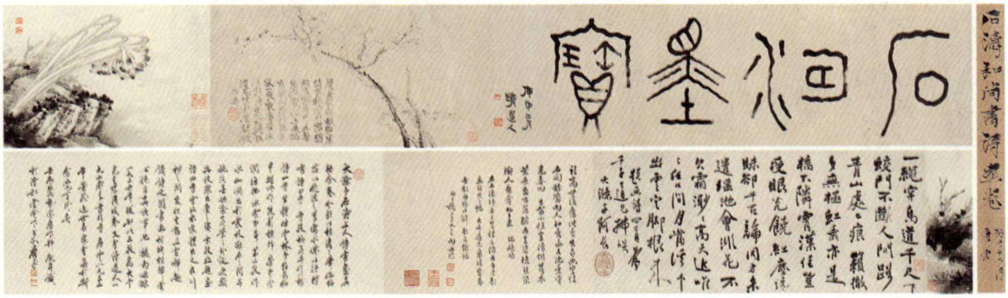

经典 2016 秋拍“大美——古代书画”专场　Lot809 石涛《诗书画卷》　引首 21×73cm
画心 20.5×39.5cm；20.5×36.5cm　书法 20.5×48cm　拖尾 20.5×127cm　成交价 787.75 万元

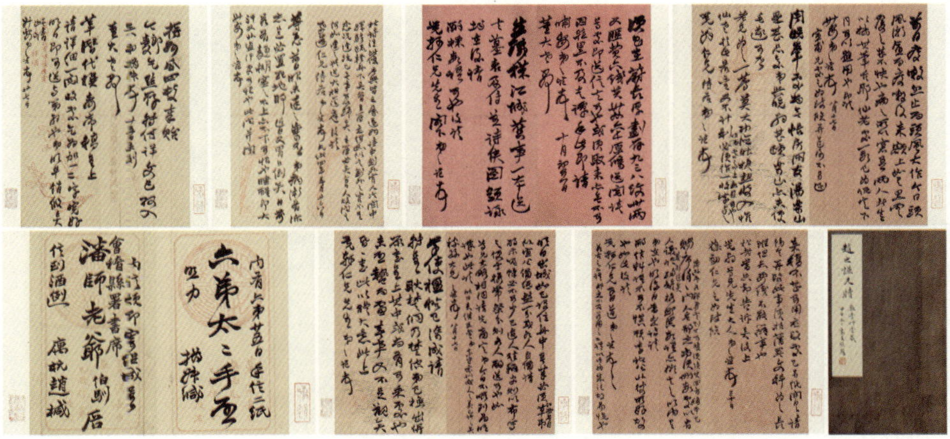

经典 2016 春拍“大美——古代书画”专场　Lot720 赵之谦《尺牍十四开》　尺寸不一
成交价 287.5 万元

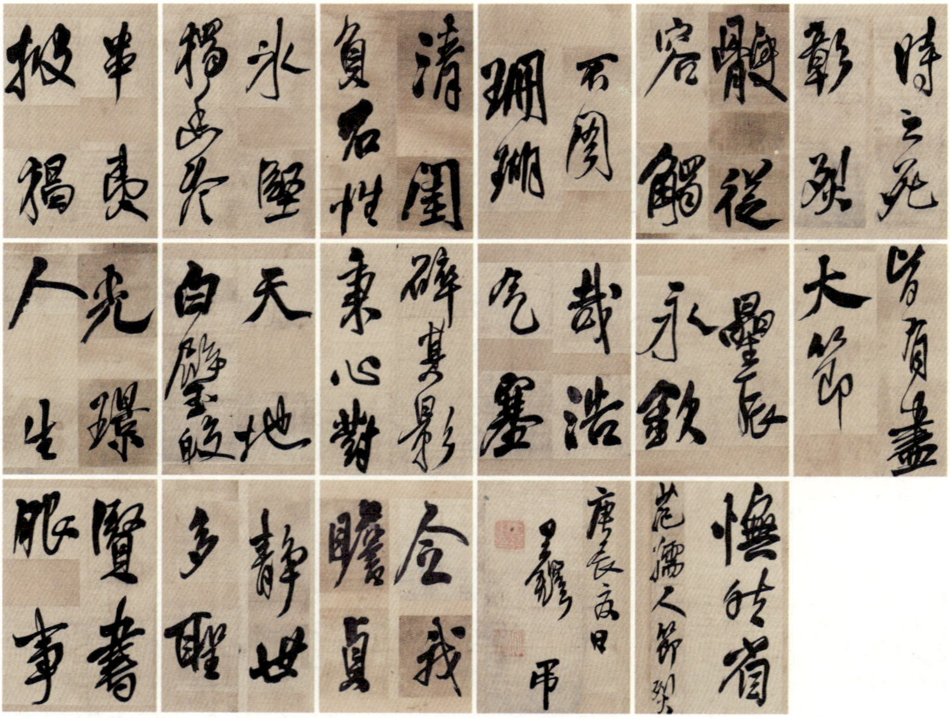

经典2016春拍“大美——古代书画”专场 Lot728 王铎《范孺人节烈》 34×17cm×18 成交价230万元

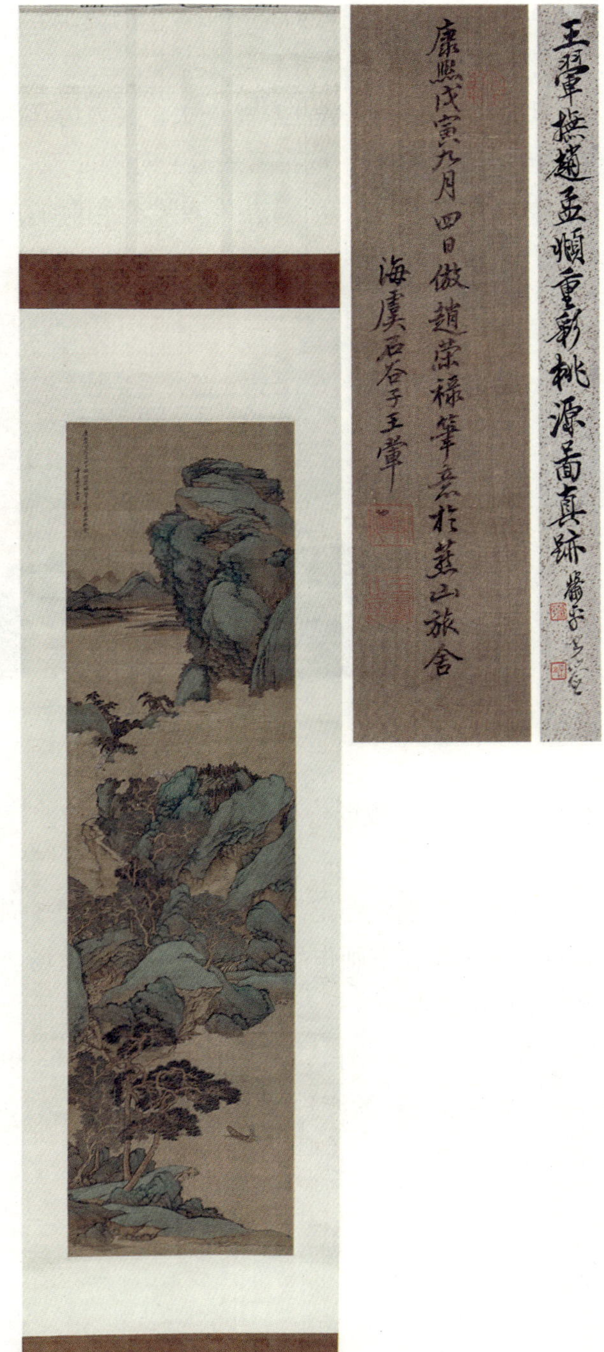

经典2016秋拍“大美——古代书画”专场　Lot806王翚《桃源图》 185×51cm　成交价460万元

中国书画的鉴与藏乃是阴阳互生的两个方面，对真伪的辨析引导着收藏活动，对收藏的热爱提升着鉴赏水平，二者光音交汇，由古及今，贯穿始终。本专场的拍品由萧平先生严格把关，努力为真伪相杂的古代市场注入一股清泉。专场名“大美”，取自萧平先生创办的“大美堂书画鉴藏社”；预展期间，亦以大美堂常用的由萧平先生发表学术演讲的方式，向公众开展艺术教育。

萧平先生为“大美——古代书画”专场作学术演讲

3. 沧海“观澜”夜场

2016年正逢江苏沧海拍卖有限公司创建5周年。该公司于秋拍特别萃取45件中国近现代书画作品，组成“观澜”夜场。这也是江苏文物艺术品拍卖界较早使用“夜场”概念的一个专场。

本专场上拍45件，成交31件，成交率68.89%，总成交额2,459.85万元。其中陆俨少《巫峡云涛》（图录号605）以227.7万元拔得头筹。

沧海2016秋拍“观澜”夜场　Lot605陆俨少《巫峡云涛》 95×58.5cm　成交价227.7万元

沧海 2016 秋拍“观澜”夜场
Lot627 孙其峰《鸣春图》
135.5×68cm
成交价 57.5 万元

沧海 2016 秋拍“观澜”夜场　Lot613 陈佩秋《金秋双蝶》 51×103cm　成交价 43.7 万元

沧海 2016 秋拍“观澜”夜场　Lot643 冯大中《惊梦》 69×96.5cm　成交价 57.5 万元

沧海2016秋拍“观澜”夜场　Lot606 黄胄《公社养鸡场》95.5×59cm　成交价184万元

沧海 2016 秋拍“观澜”夜场　Lot609 李可染《春雨牧归》　68.5×46cm　成交价 170.2 万元

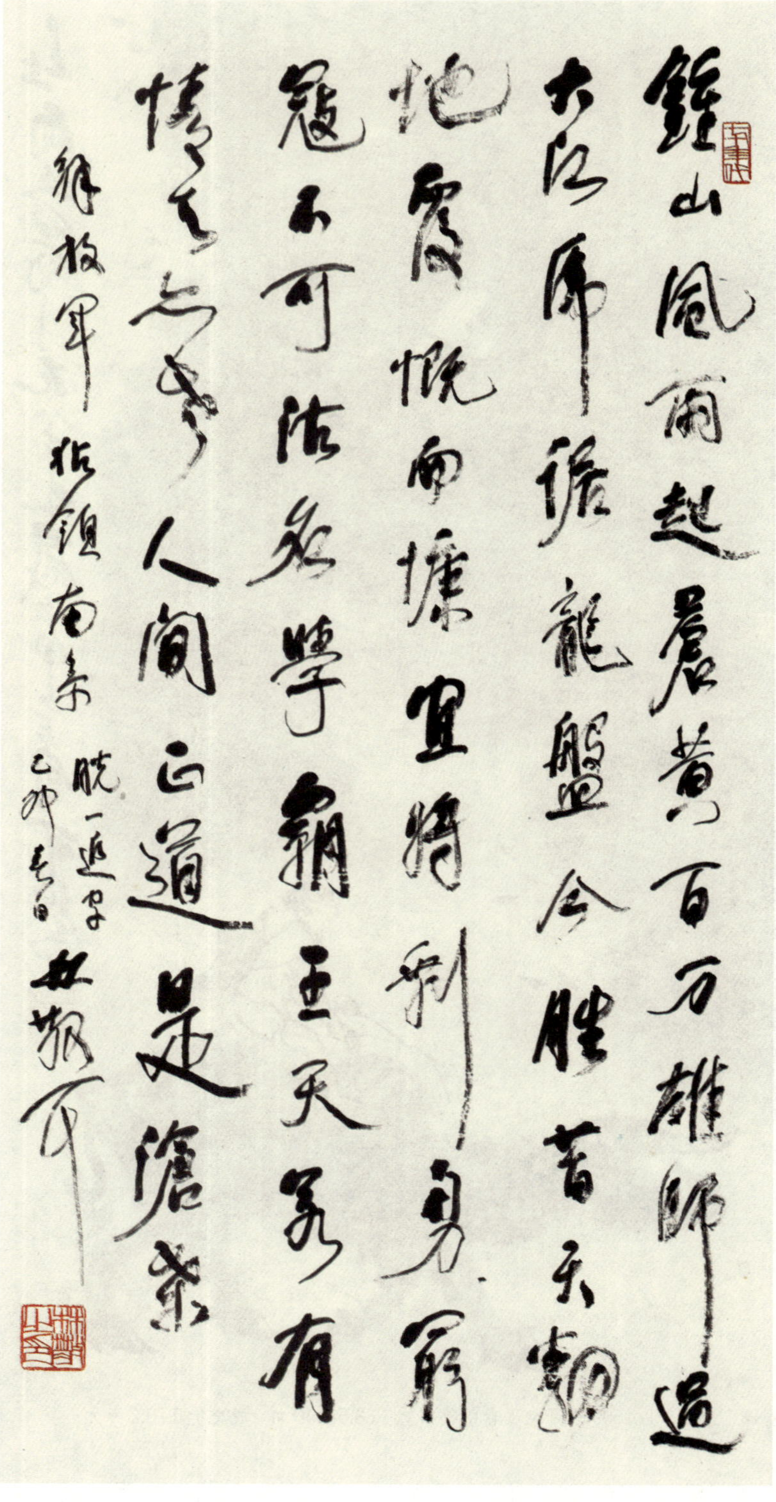

沧海2016秋拍“观澜”夜场　Lot604 林散之《行书毛主席词》 174×91cm　成交价174.8万元

第二节 瓷器、玉器、紫砂器及杂项板块

中国文物艺术品拍卖市场自2012年开始缩量盘整，各个板块均受影响而呈现下调之势，但相比中国书画尤其是当代部分等此前过热的板块，瓷杂板块在调整期中表现出了一定的抗跌性，呈现震荡调整的态势。另一方面，尽管长三角地区近年对瓷杂板块做了深入发掘，但精品率不高，以至本地区成交数量占全国总量的21%，成交额却只占10%。以下是江苏2016年的总体情况。

2015、2016年江苏文物艺术品拍卖市场瓷器玉器紫砂器杂项上拍结构

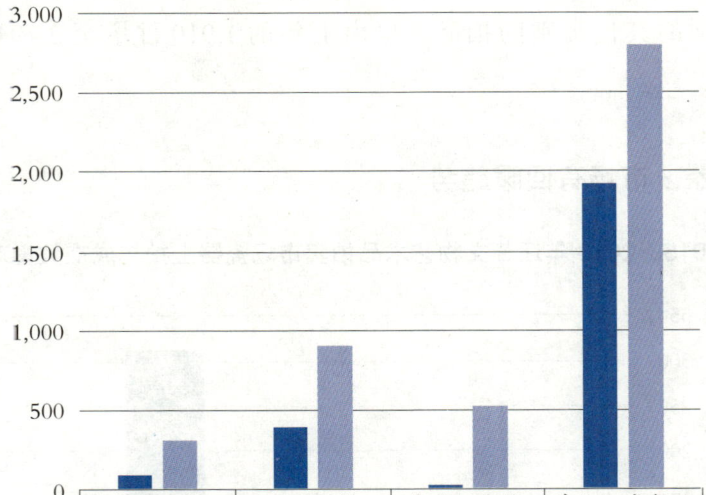

	瓷器上拍总件数	玉器上拍总件数	紫砂器上拍总件数	其他门类拍品总件数
■2015年	93	394	43	1,910
■2016年	313	917	525	2,794

2015、2016 年江苏文物艺术品拍卖市场瓷器玉器紫砂杂项上拍比率

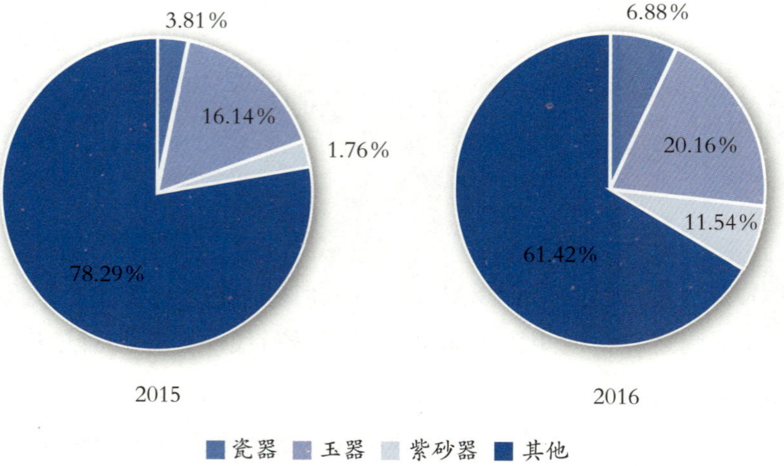

2016 年度的江苏文物艺术品拍卖市场上，瓷器、玉器、紫砂器及杂项部分的上拍数量较 2015 年增加了 2,109 件，所增数量几乎和 2015 年的总数 2,440 件相当。瓷器、玉器两个门类的拍品由上年的 487 件增至 1,230 件，增幅 60.4%；紫砂器由上年的 43 件增至 525 件，增幅高达 1,120.93%；统属杂项的其他类别的拍品，也由上年的 1,910 件增至 2,794 件，增幅 46.28%。

一、瓷器：市场有回暖趋势

2015、2016 年江苏文物艺术品拍卖市场瓷器上拍与成交数量对比

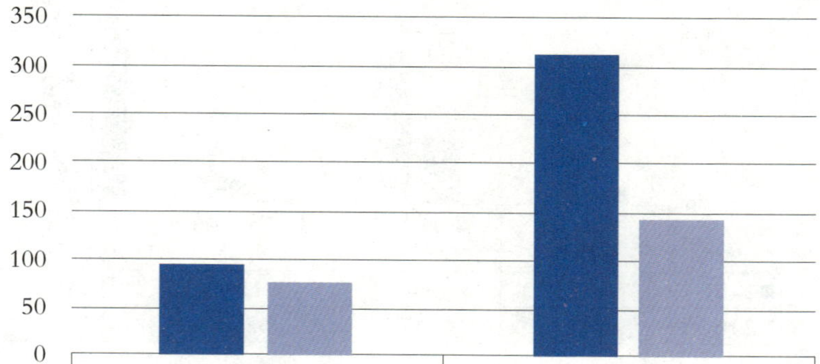

	2015 年	2016 年
上拍件数	93	313
成交件数	76	147

2016 年江苏文物艺术品拍卖市场瓷器成交率

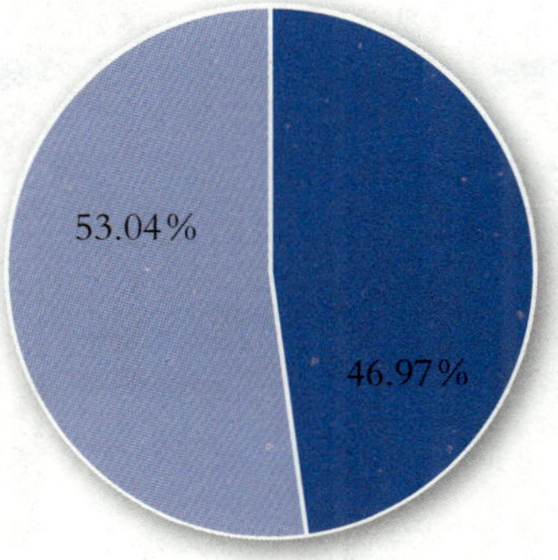

如图所示，2016 年江苏文物艺术品拍卖市场上，瓷器的成交率由上一年的 81.72% 降至 46.97%。成交额则由 2015 年的 1,886.09 万元剧增至 3,595.16 万元，增加了 1,709.07 万元，几乎翻了一番。不过，相较于 2014 年的 5,662.95 万元，2016 年的成交额犹有不足。

数据显示，2016 年度江苏文物艺术品拍卖市场瓷器成交价排名前 10 位的拍品中，十竹斋春拍的明永乐御窑青花并蒂莲纹折沿盘（图录号 1370）以 1,207.5 万元的成交价拔得头筹。在成交价前十名的瓷器中，有 5 件拍品跻身高端价格区间，而上一年度只有 1 件拍品。

十竹斋 2016 春拍“瓷器玉器工艺品”专场 Lot1370 明永乐御窑青花并蒂莲纹折沿盘 直径 37.5cm 成交价 1207.5 万元

爱涛 2016 秋拍“器可赏心——杂项器物”专场 Lot615 瓷板一套四片 成交价 52.9 万元

十竹斋 2016 春拍“瓷器玉器工艺品”专场　Lot1423 民国仿珐琅彩仕女琮式瓶（一对）　高 19.5cm
成交价 112.7 万元

爱涛 2016 秋拍“质美工良——文房陈设专场”专场 Lot273 黄地粉彩寿桃花卉纹画缸 成交价 69 万元

十竹斋 2016 春拍“瓷器玉器工艺品”专场 Lot1381 清雍正斗彩灵仙祝寿盘（一对） 直径 20.5cm 成交价 690 万元

十竹斋2016春拍“瓷器玉器工艺品”专场 Lot1397 清道光鳝鱼黄釉如意耳葫芦瓶 高25.8cm
成交价69万元

十竹斋2016春拍“瓷器玉器工艺品”专场　Lot1393清乾隆青花缠枝莲纹赏瓶
高36.5cm　成交价149.5万元

爱涛 2016 秋拍“器可赏心——杂项器物”专场 Lot629 青花四方葫芦瓶 成交价 55.2 万元

2016 年江苏文物艺术品拍卖市场瓷器成交价格区间

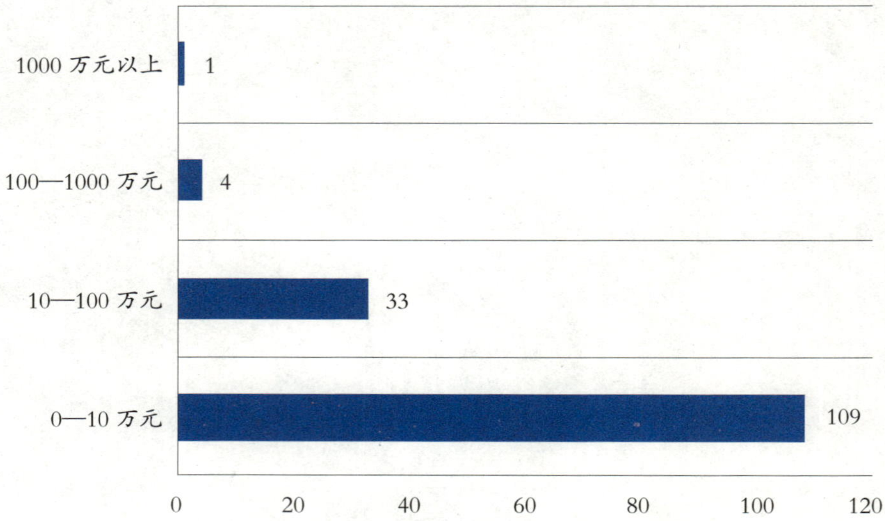

2016 年江苏文物艺术品拍卖市场瓷器成交价格区间构成比率

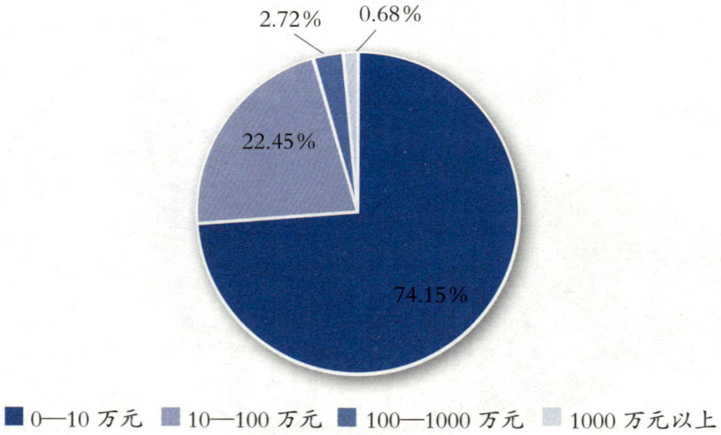

2016 年度，江苏的瓷器拍卖市场依然以中低端价位的拍品为主（占 74.15%），但是相比上一年度中低端价位拍品 97.37% 的占比已经有所降低；而 10—100 万元这个价格区间增长幅度最大，从去年的 2.63% 增至 22.45%。这表明，2016 年江苏的瓷器拍卖已有回暖。

二、玉器：市场持续低迷，成交总额大幅下跌

2015、2016 年江苏文物艺术品拍卖市场玉器上拍与成交数量对比

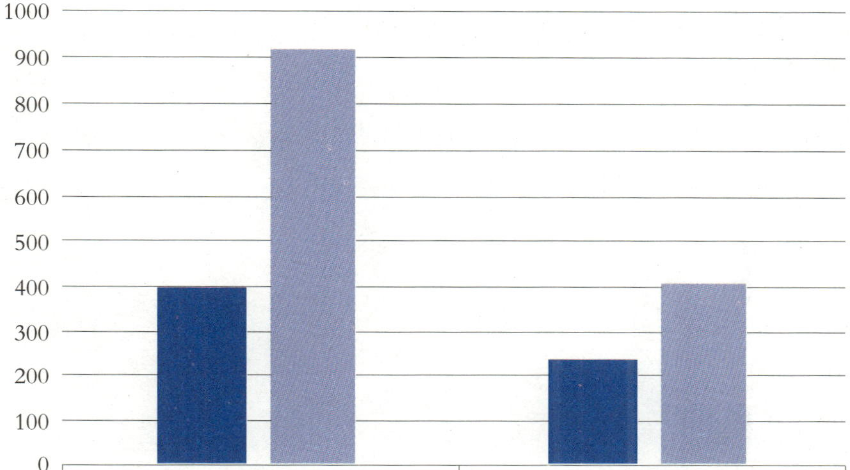

	上拍件数	成交件数
2015 年	394	233
2016 年	917	404

2015、2016 年江苏文物艺术品拍卖市场玉器成交率

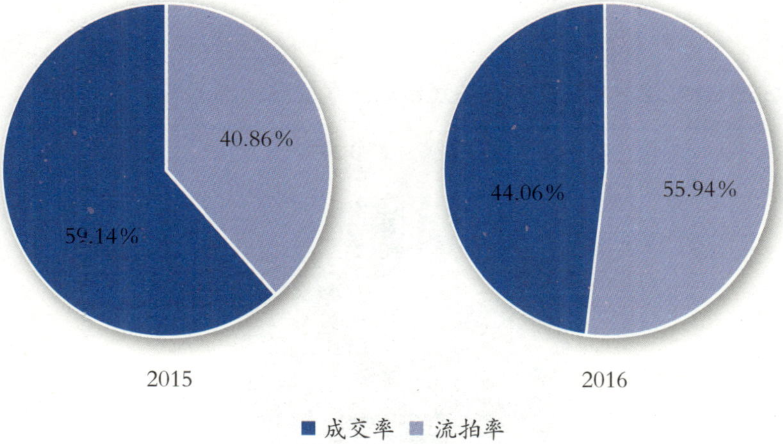

2016年的江苏玉器拍卖市场，上拍件数较上年有较大增加，由394件增至917件。而成交率与上一年度基本持平。2016年度成交总额为3,473.669万元，较去年减少14,418.6175万元。

2016年江苏文物艺术品拍卖市场玉器成交价格区间分布

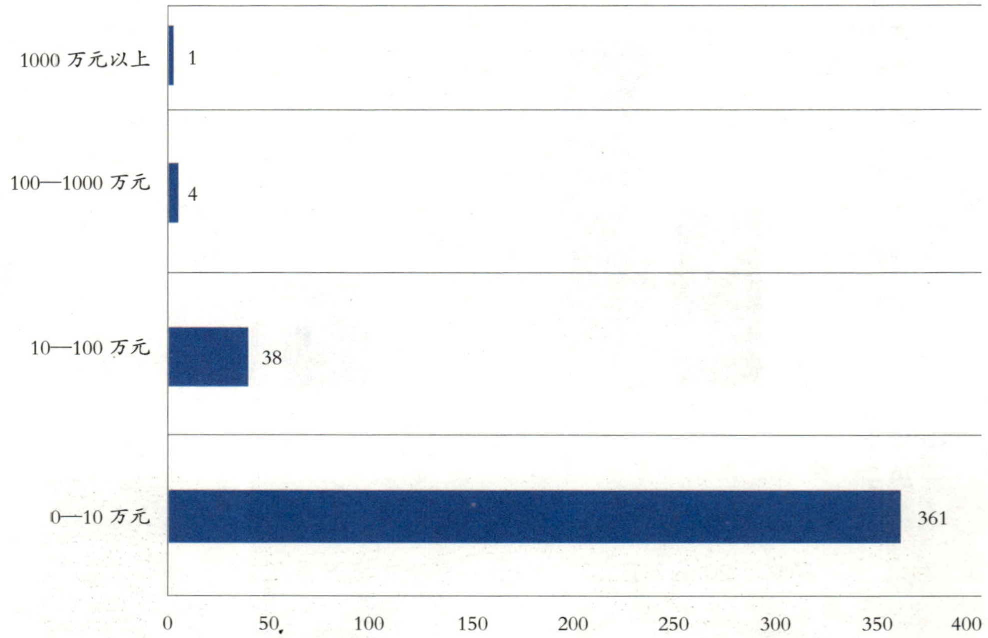

2016年江苏文物艺术品拍卖市场玉器成交价格区间构成比率

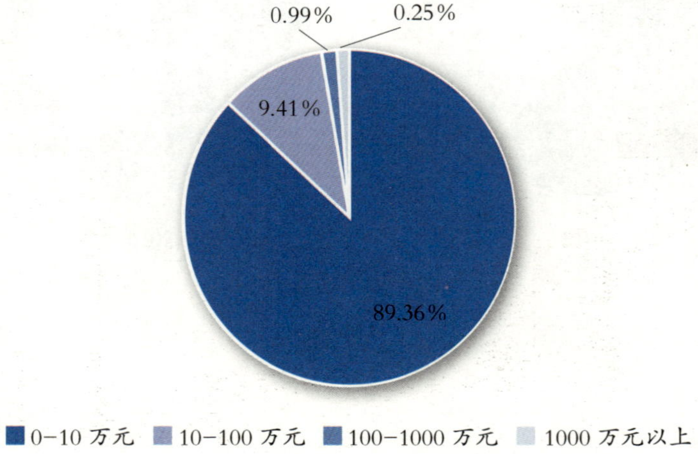

2016年江苏玉器拍卖市场仍然以中低端价位的拍品为主力，高端与超高端价位拍品稀缺。超高价位的拍品只有1件，且拍品的成交价格仅为1,118.7万元，远逊上一年度的“玉王”——以1.38亿元成交的和田玉王籽料。

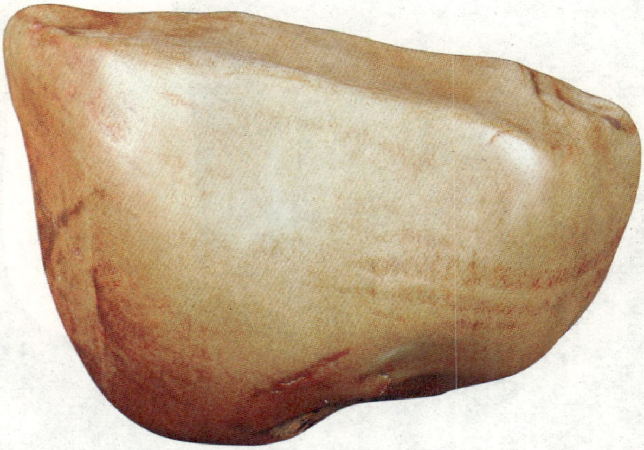

正大2016秋拍“金声玉振——正大和田玉精品专场”专场
Lot173 和田籽玉原石　成交价1118.7万元

爱涛2016秋拍“我赴琼瑶——明清玉器”专场　Lot714 翡翠七子香炉　成交价115万元

 十竹斋 2016 春拍“中国当代玉器”专场 Lot1180 兰香牌 7×3.4cm 重 44g 成交价 322 万元

爱涛 2016 秋拍“我赴琼瑶——明清玉器”专场 Lot706 白玉佛手摆件 成交价 57.5 万元

十竹斋2016春拍“瓷器玉器工艺品”专场 Lot1465清白玉双兽耳活环瓶
高20.2cm 成交价69万元

正大 2016 秋拍“金声玉振——正大和田玉精品专场”专场 Lot172 和田籽玉原石 成交价 237.3 万元

正大 2016 秋拍“金声玉振——正大和田玉精品专场”专场 Lot169 和田籽玉原石 成交价 101.7 万元

正大 2016 秋拍“金声玉振——正大和田玉精品专场”专场 Lot171 和田籽玉原石 成交价 81.36 万元

爱涛 2016 春拍“格物——古董珍玩专辑（二）”专场 Lot682 白玉耄耋摆件 成交价 57.5 万元

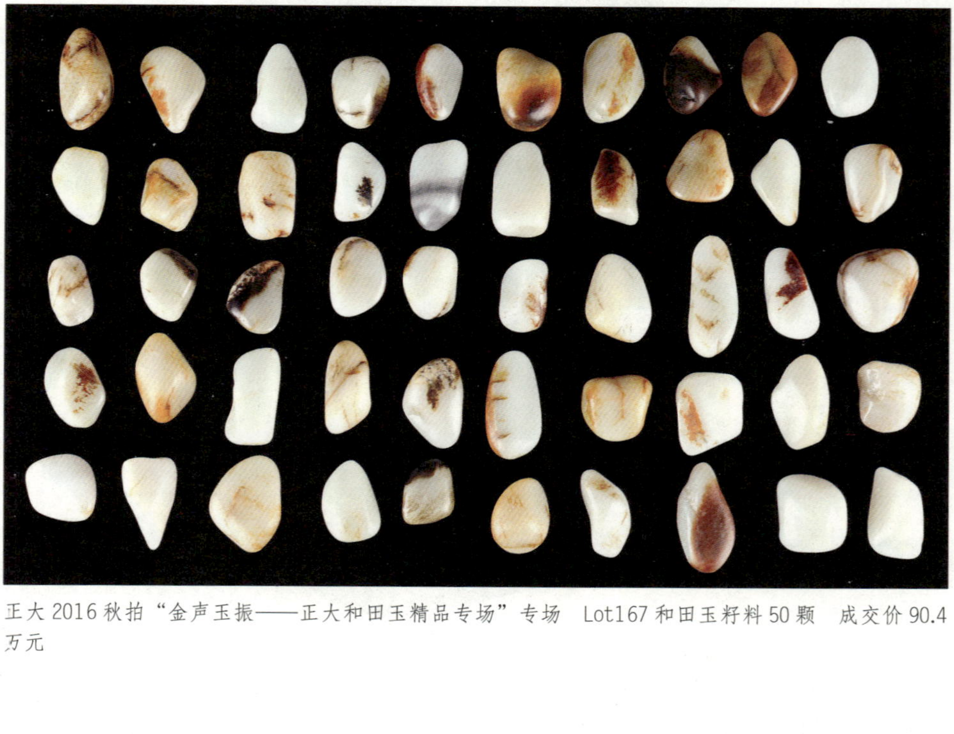

王大 2016 秋拍“金声玉振——正大和田玉精品专场”专场 Lot167 和田玉籽料 50 颗 成交价 90.4 万元

三、紫砂器：成交率稳企高位

2015、2016 年江苏文物艺术品拍卖市场紫砂器上拍与成交数量对比

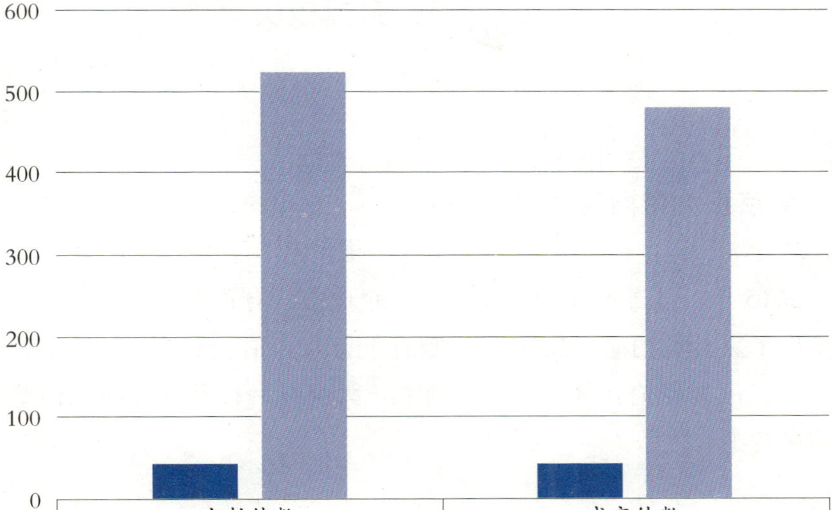

	上拍件数	成交件数
2015 年	43	43
2016 年	525	479

从 2015 年和 2016 年的紫砂器拍卖数据中可以明显看出，紫砂器的成交率是相当高的，2015 年是 100%，2016 年也高达 91.24%。这是其他门类所无法企及的。2016 年紫砂器的最高成交价是爱涛春拍的顾景舟石瓢壶，成交价为 299 万元。

除瓷器、玉器、紫砂器和家具，2016 年的杂项类拍品较 2015 年的 1,910 件增至 2,794 件，但成交依旧乏善可陈，在此不做特别的分析与论述。

第三节　家具板块

一、南京正大依旧独领风骚

2015 年，江苏的文物艺术品拍卖企业中，有正大、聚德、沧海三家企业推出了家具类拍品；2016 年，则有十竹斋春拍、十竹斋和聚德秋季联合拍卖会、正大春拍和秋拍涉足。南京正大继续一枝独秀，在上拍及成交方面均保持绝对优势。

2015 年江苏文物艺术品市场家具拍卖机构及专场分布

机构	专场或相关场数	拍品件数
正大	3	214
聚德	1	51
沧海	1	1
总计	5	266

2016 年江苏文物艺术品市场家具拍卖机构及专场分布

机构	专场或相关场数	拍品件数
正大	2	69
十竹斋、聚德	1	7
十竹斋	1	2
总计	4	78

二、成交详情

2015、2016 年江苏文物艺术品拍卖市场家具上拍数量对比

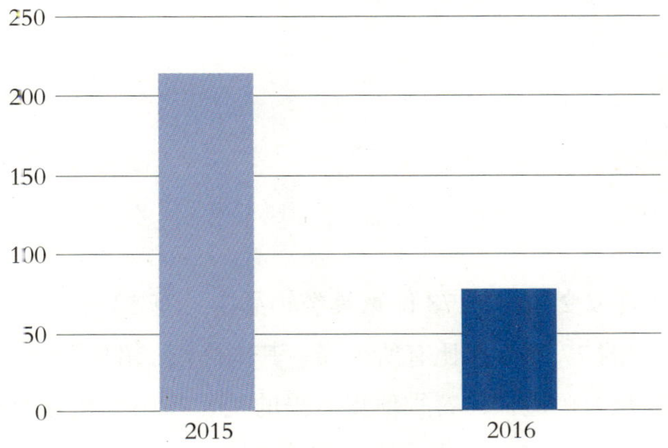

2015、2016 年江苏文物艺术品拍卖市场家具成交率对比[1]

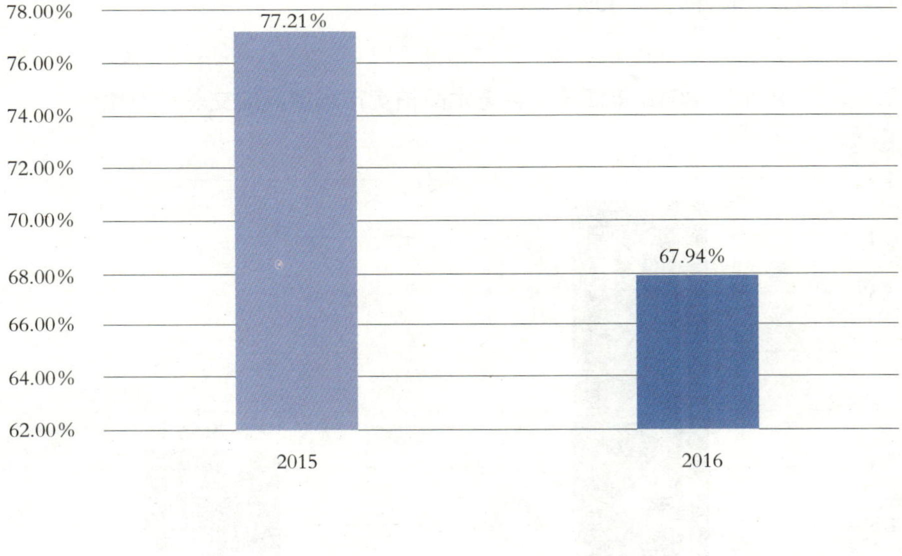

[1] 2015 年聚德所拍的 51 件拍品无成交数据，故全年上指总数以 215 件计。

2015、2016 年江苏文物艺术品拍卖市场家具成交价格区间分布

价格区间（万元）	成交作品数量（件）	
	2015 年	2016 年
0—10	53	15
10—100	72	30
100—1000	38	6
1000 以上	3	2

2016 年，在有成交数据的 78 件家具类拍品中，有 53 件成功拍出，成交率 67.95%，与上年的 77.21% 相比有所下降。其中高端、超高端价位的共 8 件，与 2015 年相比也是大幅递减。特别值得一提的是，2016 年的家具拍品中有 1 件过亿元，即正大春拍以 1.695 亿元成交的紫檀照壁。

从成交总额来看，2016 年远不如 2015 年。即使有过亿元的超高价拍品，仍然难掩 2016 年家具拍品的低迷。正大依旧是江苏家具拍卖的行业翘楚，上拍数量占江苏全省的 88.46%。

2015、2016 年江苏文物艺术品拍卖市场家具成交总额对比

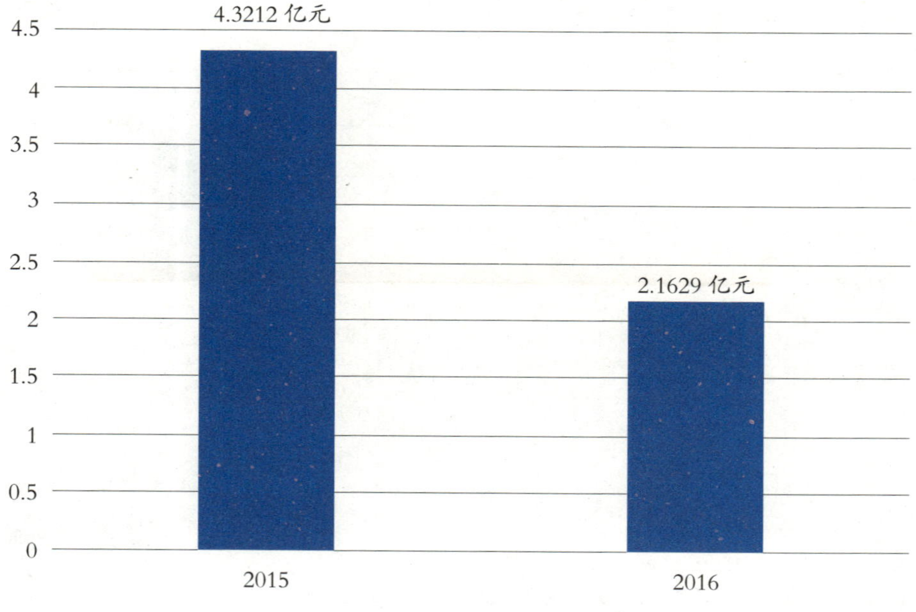

正大 2016 春拍“观木乾坤——正大明清古典家具”专场 Lot25 黄花梨朝服柜
156×290×70cm 成交价 2260 万元

正大 2016 春“观木乾坤——正大明清古典家具”专场 Lot21 黄花梨圆角柜（一对）
83×44×181cm 成交价 226 万元

正大 2016 春拍“观木乾坤——正大明清古典家具”专场 Lot24 紫檀黄鹤楼 118×118×220cm
成交价 254.25 万元

正大 2016 春拍“观木乾坤——正大明清古典家具”专场 Lot17 紫檀高罗锅枨大画桌
107×49.5×78cm 成交价 96.05 万元

正大 2016 春拍“观木乾坤——正大明清古典家具”专场 Lot48 紫檀龙纹三弯腿大画桌
202×94×86cm 成交价 135.6 万元

正大 2016 春拍“观木乾坤——正大明清古典家具”专场 Lot49 黄花梨万字纹罗汉床
215×114×80cm 成交价 90.4 万元

正大 2016 春拍“观木乾坤——正大明清古典家具”专场 Lot23 紫檀满雕云龙纹宝座
128×90×118cm 成交价 237.3 万元

正大 2016 春拍“观木乾坤——正大明清古典家具”专场
Lot46 黄花梨大八仙桌　103×103×84cm　成交价 135.6 万元

正大 2016 春拍“观木乾坤——正大明清古典家具”专场　Lot26 黄花梨如意云纹官帽椅（一对）62×46×118cm　成交价 146.9 万元

第四节　老酒板块

随着中国文物艺术品拍卖业的不断发展，拍卖门类不断丰富，茅台酒于2008年第一次进入拍卖市场，由此引爆国内老白酒的拍卖，使得老白酒成为全国很多拍卖公司常设的拍卖项目。

一、老酒拍卖标准

中国白酒品类众多，自1952年起一共举行了5届名酒评选：第一届于1952年在北京举行，共评出四大名酒，即茅台酒、汾酒、泸州大曲酒、西凤酒；第二届于1963年在北京举行，共评出五粮液、古井贡酒、泸州老窖特曲、全兴大曲酒、茅台酒、西凤酒、汾酒、董酒等八大名酒；第三届于1979年在大连举行，共评出茅台酒、汾酒、五粮液、剑南春、古井贡酒、洋河大曲、董酒、泸州老窖特曲等8种名酒；第四届于1984年在太原举行，共评出茅台酒、汾酒、五粮液、洋河大曲、剑南春、古井贡酒、董酒、西凤酒、泸州老窖特曲、全兴大曲酒、双沟大曲、特制黄鹤楼酒、郎酒等13种名酒；第五届于1989年在合肥举行，共评出茅台酒、汾酒、五粮液、洋河大曲、剑南春、古井贡酒、董酒、西凤酒、泸州老窖特曲、全兴大曲酒、双沟大曲、特制黄鹤楼酒、郎酒、武陵酒、宝丰酒、宋河粮液、沱牌曲酒等17种名酒。第五届名酒评选基本上囊括了国内最有影响力的白酒品牌。因此，国内拍卖的老酒绝大部分属于此次评出的十七大名酒范畴。

老酒拍卖，自有其标准：

第一，酒精度不低于40度。白酒属于蒸馏酒，随着时间推移，包装密封老化，或多或少都会存在跑酒现象。如果度数过低，酒很容易变质，就不再具备收藏和品鉴的价值。因此，拍卖的老酒度数一般不能低于40度。

第二，年份不晚于1996年。1993年之前，全国所有的白酒都是纯粮酿造。1993年茅台酒厂率先引进了白酒勾兑技术，至1996年底，全国的知名酒厂全部引进了白酒勾兑技术。纯粮食酒和勾兑酒在品质上有着本质区别，因此 1996 年就成为老酒品质高低的分水岭。

第三，跑酒不能超过 100 克。国内瓶装白酒绝大部分是一斤装，也就是 500 克，根据权威品酒专家测评，如果一瓶酒跑酒超过 100 克，酒的品质将大大下降，也会有变质的可能。因此，跑酒是否超过 100 克也是老酒拍卖的重要标准。

二、2016 年江苏老酒拍卖市场分析

南京经典于 2010 年秋拍推出传世国酒专场，是江苏第一场老酒拍卖，厥后江苏其他拍卖公司也相继推出各自的老酒专场。老酒拍卖成为江苏各拍卖公司的常设项目。

1. 成交情况：活跃度明显提升

2016 年，江苏共有爱涛、嘉恒、磊峰、十竹斋、聚德等 5 家企业涉足老酒拍卖。与 2015 年相比（其中嘉恒 50 件无成交数据，故未列入 2015 年统计范围），虽然上拍量有所缩减，成交率却有较大幅度的提升。

2015 年江苏文物艺术品拍卖市场老酒成交情况

企业	拍卖会	专场	上拍件数	成交率	成交额（万元）
十竹斋	春拍	传世国酒	40	53%	120
十竹斋	秋拍	传世国酒	67	95.52%	324.0758
经典	春拍	传世国酒	88	32.95%	58.148
嘉恒	秋拍	陈年老酒	50	/	/
总计	/	/	245	/	/

2016 年江苏文物艺术品拍卖市场老酒成交情况

企业	拍卖会	专场	上拍件数	成交率	成交额（万元）
爱涛	秋拍	醇馥灵丹——名药名酒	24	91.67%	34.845
嘉恒磊峰	秋拍	老酒专场	25	100%	73.692
十竹斋聚德	秋拍	传世国酒	33	100%	19.435
总计	/	/	82	97.22%	127.972

可以看出，2016 年老酒仅上拍 82 件，较上年减少 163 件，减幅 66.53%；但成交率得到大幅提高，平均成交率比 2015 年高了将近 40%。这说明，一方面拍卖企业对所上拍的老酒进行了有效的结构调整，另一方面老酒拍卖的活跃度也有了明显提升。

2. 茅台酒仍是老酒拍卖的中流砥柱

2016 年两个老酒拍卖专场茅台酒成交占比

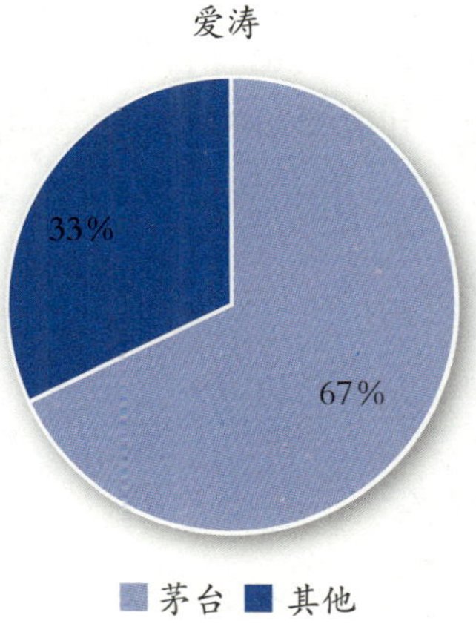

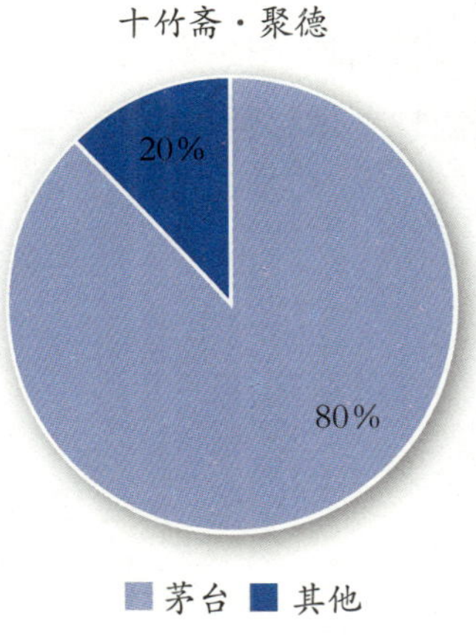

通过对比可以发现，在爱涛和十竹斋、聚德的老酒专场中，茅台的成交额占比都大大超过 50%。这与茅台酒自身所具有的强大市场号召力有关。事实上，在老酒拍卖专场中，老茅台一直是光芒夺目的明星；当然，成交总额高与茅台酒单瓶价格高也不无关系。

3. 老酒拍卖价格呈上升趋势

在中国的老酒拍卖市场，老茅台一直是整个价格走势的晴雨表。

地方国营茅台酒 2010—2016 年价格走势

（万元）

通过上图可以看出，2010 年老茅台进入拍卖以来价格就处于高位，2011 年达到高峰。2012 年后，随着整体文物艺术品拍卖市场行情下探，老茅台的价格也开始一路走低，2014 年到达谷底。2015 年开始，老茅台的拍卖价格触底反弹，目前处于快速上升的通道。除经济因素外，这也与老茅台不可再生、市场资源越来越稀缺有极大关系。老茅台如此，其他类别的老酒亦是如此。

第五章 2016 江苏线上文物艺术品拍卖市场研究

2017 年 1 月，中国互联网络信息中心发布的《第 39 次中国互联网络发展状况统计报告》指出，截至 2016 年 12 月，中国网民达 7.31 亿人，相当于欧洲人口总量。全年新增网民近 4,300 万人。其中手机网民 6.95 亿人，较 2014 年底增加 7,550 万人，网民中使用手机上网的人群占比由 2015 年的 90.1% 提升至 95.1%。[1]

如今，全球 6,300 家拍卖行中，97% 都创建了相关网站（2005 年这一数据仅为 3%）。移动互联网已成为促进各大拍卖行对运作模式进行范式变革的重要因素。拍卖行的网络成交额已经实现超过 110% 的增长，这让佳士得和苏富比等大型拍卖行以及行业内的其他公司都将未来的发展着眼于互联网。[2]

2016 年，尽管文物艺术品市场的寒冬仍未离去，线上文物艺术品拍卖依旧如火如荼。而 2016 年 11 月 1 日，网络拍卖领域的首部国家标准《网络拍卖规程》（代号：GB/T32674–2016）正式实施，明确了网络拍卖的各项基本要求，对网络拍卖公告与展示、网络拍卖的实施、网络拍卖档案管理等提出了明确的要求，网络拍卖从此进入“有规可依”的时代。

[1] 中国互联网络信息中心 . 第 39 次中国互联网络发展状况统计报告 [DB/OL]. 中国互联网络信息中心官方网站 .2017.1：1。网址：http://cnnic.cn/hlwfzyj/hlwxzbg/hlwtjbg/201701/P020170123364672657408.pdf。

[2] Artprice，雅昌艺术市场监测中心（AMMA）.2016 年度艺术市场报告 [M/CD].2017.3：4。

在北京，投身线上文物艺术品拍卖16年之久的嘉德在线，仍在积极探索、不断创新拍卖模式，致力于为藏家提供更优质、专业、便捷的服务。嘉德在线官网一直作为其线上拍卖业务的主要阵地，涵盖中国绘画、书法篆刻、西画雕塑、古瓷杂项、当代工艺等板块，下设38种艺术门类或形式，对每一件上拍的拍品进行详细描述，竞投者注册、交付相应数额的保证金后便可竞买心仪的拍品，实现了一年365天、一天24小时不间断的文物艺术品交易，使其成为一家永不打烊的店铺、永不歇业的画廊、永不下班的拍卖行。2017年5月，嘉德在线开发的“艺酷拍卖厅”上线，支持多通道登录，支持多种付款方式，并开放留言通道，报名缴纳保证金的用户可自由交流，形成了与客户的良性互动；5月19日，“艺酷拍卖厅”成功首拍。7月3日，嘉德在线在微信成功注册同名微信账号，进一步拓展微信端用户。

在南方，老牌拍卖企业西泠印社向年轻化、生活化、消费化迈进，于2016年新年伊始开辟线上拍卖平台——艺是网拍，并在PC端、移动端（支持IOS、Andriod双系统）同时上线。依托于西泠印社优质的资源，艺是网拍提出“让艺术融入生活”的理念，希望借助更宽广的网络平台，使更多从未接触艺术品的人们得入门槛。2016年9月26日，艺是网拍推出首场拍卖，拍品均来自西泠拍卖征集，秉承了西泠的品质，下设名家藏书画、信札，漫画原稿，中国书画，当代中青年书画，古籍碑帖、美术文献，宣传画，钱币、徽章，文物公司旧藏印石，紫砂，茶器、花器、香器古物，历代瓷器，文房古玩，当代陶艺，名家油画，当代青年油画，当代珠宝设计，当代玉雕，中外陈年名酒及酒标原稿等22个专场，累计上拍一千余件作品，并在绍兴等地举办预展，10月9日至12日连拍4天，成交总额逾1,500万元、总成交率达90%、首拍溢价倍数最高，创国内网拍首拍之纪录。11月、12月，艺是网拍又推出冬月雅集、新春雅集、生活美学等专场，均取得较好的成交和品牌影响。

一些在现有传统线下拍卖中被忽略、或者是没有足够条件完成的门类，将在线上不断引入。线上拍卖突破了地域限制，在时间上也将与线下大拍形成互补。在互联网空间，更广泛的人群将通过艺术与当下生活发生美学关联。

第一节　2016 年江苏线上文物艺术品拍卖市场综述

如前所述，2016 年，江苏线上文物艺术品微拍仍然主要集中在省会南京。线上文物艺术品拍卖，最主要的形式仍然是操作便捷的微信拍卖。

截至 2016 年 12 月 31 日，在南京地区定期举办文物艺术品微拍活动并有一定影响力的微拍机构如下表所示（以首拍时间先后为序）。

2016 年南京定期举办微拍的主要机构概览

微拍名称	首拍时间	2016 年拍卖场数
扬子鉴藏微拍	2014 年 7 月 5 日	53
名人书画微拍	2014 年 8 月 31 日	58
两汉·秦淮书画微拍	2014 年 11 月 6 日	41
金鼎云艺术微拍	2014 年 12 月 26 日	53
南艺微拍	2015 年 12 月 29 日	37
水墨之都	2016 年 2 月 26 日	73
凤凰微拍	2016 年 3 月 9 日	38
金陵艺术微拍	2016 年 9 月 14 日	16
石城微拍	2016 年 12 月 31 日	1

其中，2014 年成立的微拍机构有扬子鉴藏、名人书画、两汉·秦淮、金鼎云等；2015 年成立的微拍机构有南艺微拍；水墨之都、凤凰微拍、金陵艺术微拍、石城微拍等成立于 2016 年。除了微拍，两汉·秦淮书画微拍、南艺微拍和凤凰微拍每年尚需参与举办大型线下文物艺术品拍卖会。这些微拍机构基本以每周一场的频率开展微拍活动，而水墨之都更加灵活，曾每周组织过三场微拍活动，其每场微拍的上拍作品件数也相对较多。

2016年南京定期举办微拍的主要机构详情

微拍名称	负责人年龄	拍卖业经历	拍品类别	作品来源	竞拍模式	微拍之外相关业务
扬子鉴藏	70s	无	书画	征集	群内限时竞价	举办书画展览、推介艺文资讯
名人书画	80s	无	书画	自藏	第三方平台，竞价、一口价	无
两汉·秦淮书画	80s	有	书画	征集	竞价、一口价	举办线下拍卖会、书画展览等
金鼎云艺术	80s	无	书画	自藏征集	群内竞价	举办书画展览、推介艺文资讯、新闻采编
南艺微拍	80s 90s	有	主要出自南艺师生及校友的艺术品	征集	群内竞价	学术研究，参与组织线下拍卖会、书画展览，推介艺文资讯
水墨之都	80s	有	书画	征集	竞价、一口价	艺术市场评论
凤凰微拍	80s	有	书画、杂项	征集	竞价、一口价	举办拍卖会
金陵艺术	90s	有	书画、老酒	征集	竞价、一口价	无
石城微拍	80s	有	书画、画册	征集	竞价、一口价	无

据了解，如上各家微拍机构的负责人中，绝大多数有在拍卖公司工作的经历，且绝大多数是上世纪80年代出生的年轻人。他们熟悉拍卖流程，征集时直接接触藏家和艺术创作者，拍卖时又负责招商，对文物艺术品的上下游资源都有一定的积累，对上下游的供需情况也较为了解，在消费者需要书画作品进行装饰以及藏家需要调整藏品、而这些藏品的品质又达不到拍卖公司的要求时，微拍这一线上平台便可以为买卖双方提供较大便利。

在拍品作者中，无论近现代名家、当代名家还是中青年新秀，都较为集中于在南京生活、学习、工作者，这一点和大型的拍卖会较为一致。据观察，书法、中国画作品是各家微拍机构的主要作品类别，所占份额在九成以上，只有少数几家机构偶尔呈现西洋画、版画、壁画、雕塑老酒、古玩、画册拍品等。其原因有三：其一，古都金陵自古为传统书画重镇，从五代到明末清初，再到近现当代，一大批文人墨客汇聚于此；金陵画派、新金陵画派等在中国绘画史上占据着重要地位，江苏省国画院、南京书画院、江苏省美术家协会、江苏省书法家协会等主要创作、科研机构仍偏重于传统艺术。其二，地处江南的南京，历史积淀深厚，文化性格较为温和，在主流艺术机构的影响下，收藏家和普通消费者的审美倾向也相对保守。其三，南京虽然有较多的艺术机构，如拍卖公司、博物馆、美术馆、画廊，但关注现当代艺术者寥寥，而新的藏家群体的发掘与市场的培育终究是个漫长的过程。

拍品的来源上，基本上都是从藏家或艺术机构征集，即便是当代书画，也很少会直接与艺术家进行合作。金鼎云艺术微拍和名人微拍与艺术家的合作较多，并有一定数量的自有作品，前者与签约艺术家有较为紧密的合作，与个别艺术家签订了全权代理协议，在艺术家形象包装、作品宣传、市场推广等诸多方面投入较大；后者与艺术家的合作模式较为单一，即单纯的买卖，从艺术家处以相对低的价格买入，再以较高的价格卖出，从中赚取差价，并不过多参与艺术家的推广、市场价格的维护等。微拍机构除通过微拍赚取佣金，另有所谓“一口价”“提前交割”等成交模式。

第二节　2016 年江苏线上文物艺术品拍卖市场个案研究

在中国，艺术品的经纪体制并不完善，大多数艺术家集创作、宣传、营销等多重身份于一身，除了学术研究、艺术创作，还直接接触追捧者、潜在买家、艺术品经纪人、策展人、媒体人等，要时时把握作品市场价格的平衡。微拍的出现，一方面使艺术品得以快速流通，另一方面也使价格变得公开、透明，而微拍的举办者也能以较低成本获取报酬。

2016 年的线上文物艺术品市场调研，共邀请十余家江苏地区较为活跃的微拍机构参与，有的机构出于对微拍数据的商业保护，不愿提供详实的成交数据，还有些机构对微拍数据并无记载，以至无法全面地分析江苏线上艺术品拍卖的情况。本节选择南艺微拍、金鼎云艺术微拍、两汉 · 秦淮书画微拍、凤凰微拍四家机构提供的部分数据进行研究，希望通过数据的分析与比对得出一些启示，以供线上文物艺术品拍卖的从业者和研究者参考。

一、南艺微拍

创办于2015年12月的南艺微拍，由江苏侨信拍卖有限公司和南京艺术学院联合主办、南京艺术学院艺术市场实验中心承办、南京艺术学院中国艺术品投资价值研究中心提供学术支持，依托南艺丰厚的艺术资源，致力于向社会推介南艺的教学成果、提供师生的艺术作品。截至2016年12月31日，累计组织37场线上艺术品拍卖活动（含2015年1场），每场30件拍品，累计上拍1,110件作品。

在《2015江苏文物艺术品拍卖市场研究报告》一书中，我们对南艺微拍2016年5月31日之前的拍卖数据进行了分析。本文的研究范围为2016年5月31日至12月31日间举办的19场微拍。这19场累计上拍570件拍品，成交494件，成交总额112.043万元，成交率约为86.67%，每场平均成交58,970元。

570件拍品中，国画315件，书法178件，油画45件，水彩12件，其他类别的拍品共20件。国画和书法分别占比55%和31%，共占总拍品数的86%。各门类拍品所占比例见下图。

南艺微拍2016年5月31日至12月31日各门类拍品上拍比例

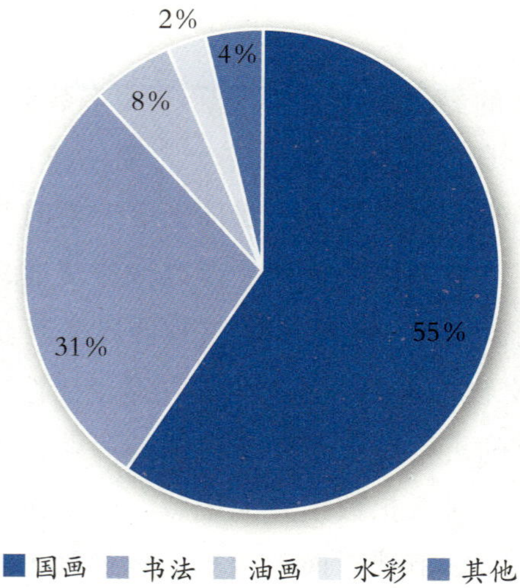

南艺微拍 2016 年 5 月 31 日至 12 月 31 日各门类拍品成交件数比例

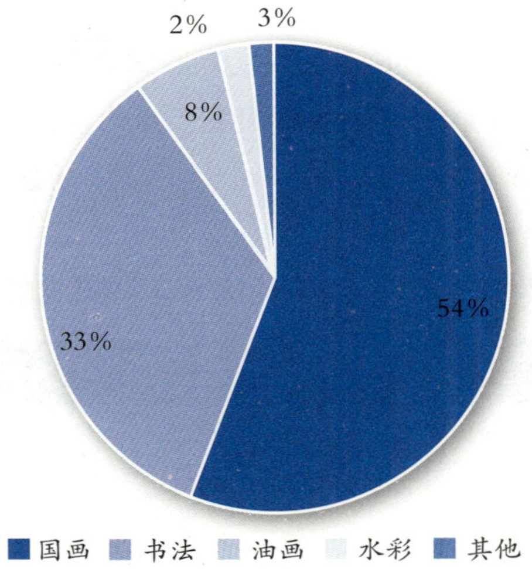

在成交的拍品中，国画、书法占比分别为 54%、33%，二者共占成交总件数的 87%，与上拍比例仅相差一个百分点。

而在 112.043 万元的总成交额中，国画和书法分别贡献了 67.2455 万元和 36.369 万元，分别占总成交额的 60.02% 和 32.46%，共占总成交额的 92.48%。

南艺微拍 2016 年 5 月 31 日至 12 月 31 日各门类拍品成交金额比例

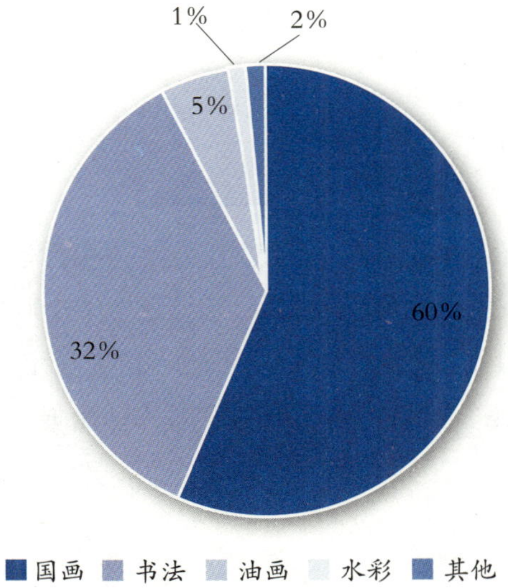

国画、书法、油画、水彩和其他门类拍品的最高成交价分别为 65,100 元、26,250 元、6,930 元、1,730 元和 5,250 元。在所有成交的拍品中，成交价的前三甲分别是薛亮的国画、孙晓云的书法和圆霖的书法作品，成交价分别为 65,100 元、26,250 元、18,900 元。据此可知，高价位拍品在南艺微拍中的成交比例并不算高。在成交的 494 件拍品中，各个成交价区间的比例见下表：

南艺微拍 2016 年 5 月 31 日至 12 月 31 日成交价区间分布

成交价区间	成交件数	占成交件数的比例
50,000 元以上	1	0.20%
20,000—49,999 元	1	0.20%
10,000—19,999 元	9	1.82%
5,000—9,999 元	29	5.87%
2,000—4,999 元	122	24.70%
1,000—1,999 元	158	31.98%
1,000 元以下	174	35.22%

从上表我们可以清晰地看到，南艺微拍主要成交价位集中在 5000 元以下，约占总成交件数的 91.9%。

二、金鼎云艺术微拍

金鼎云艺术微拍在 2016 年共组织 53 场线上拍卖活动，每场 20 件拍品，累计上拍 1,060 件。该机构向我们提供了 10 场拍卖、200 件拍品的数据。在这 200 件中，共成交 113 件，成交价总额为 154.59 万元，成交率为 56.5%，平均每场成交 15,459 元。拍品类别为国画、书法、油画三类，上拍、成交情况见下表：

金鼎云艺术微拍 10 场上拍、成交情况

拍品类别	上拍件数	成交件数	成交总额（元）	占总成交额比例
国画	112	63	1,252,780	81.04%
书法	77	43	216,620	14.01%
油画	11	7	76,500	4.95%

国画类拍品上拍比例虽然仅占总拍品的 56%，却贡献了 81.04% 的成交额，书法、油画类拍品成交额占比分别为 14.01% 和 4.95%。国画、书法、油画的最高成交价分别为 62,200 元、12,200 元和 18,800 元。

在 113 件成交的拍品中，国画的高价位成交拍品数量最多，油画和书法的最高成交价分别排 29 和 37 名；成交价前 50 名中，国画拍品有 40 件，书法拍品有 5 件，油画拍品有 5 件。由此可知金鼎云艺术微拍对国画拍品的重视。

在各个价格区间成交的拍品件数见下图：

金鼎云艺术微拍 10 场成交价格区间分布

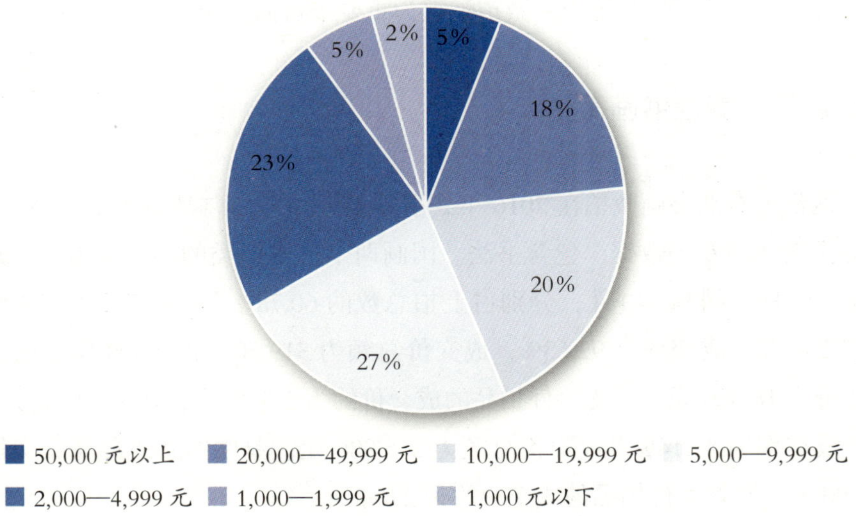

由上图可知，金鼎云艺术微拍的成交作品中，成交价在 5 万元以上的拍品约占 5.31%，成交价在 1 万元以上的约占 42.48%，在 2,000—9,999 元区间的拍品比例约占总成交件数的 50%，2000 元以下成交的拍品约占 7%。

金鼎云艺术微拍 10 场成交总额前八位书画家作品拍卖情况

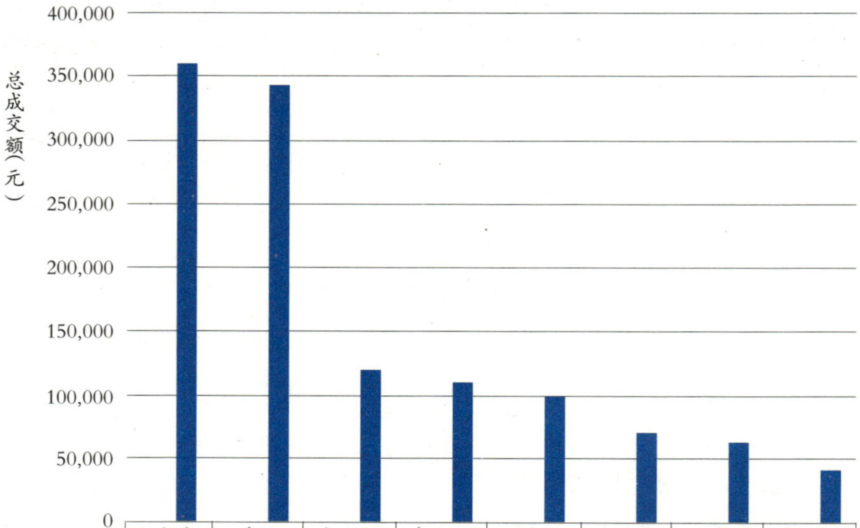

	任大庆	黄戈	金姝延	李甲明	刘守瑶	滕黛梦	方淩波	卢力彬
上拍件数	10	10	8	10	8	9	10	9
成交件数	10	10	7	10	4	4	10	4
总成交额（元）	360,200	343,800	121,800	111,680	100,300	72,200	65,520	42,200

这八位均为该机构的合作书画家。该机构是艺术品经纪（代理）模式的实践者，在整个推广系统中，微拍被视为重要平台而使用。

三、两汉·秦淮书画微拍

两汉·秦淮书画微拍在 2016 年共举办 41 场拍卖，本次调研，得到 10 个具有代表性的专场数据，包含书法、国画两个艺术门类的 357 件拍品。其中书法 217 件，国画 140 件，分别占上拍总数的 60.78% 和 39.22.%。书法作品成交 201 件，成交率为 92.63%，成交价总额为 319,500 元，单件作品的最高成交价为 16,000 元，平均每件拍品的成交价约为 1,590 元；国画作品成交 122 件，成交率为 87.14%，成交价总额为 255,900 元，单件作品的最高成交价为 18,000 元，平均每件拍品的成交价约为 2,098 元。

这 10 场微拍共成交 323 件，成交率为 90.48%，成交总额为 575,400 元，平均每场成交 57,540 元。

两汉·秦淮书画微拍的负责人即两汉拍卖的业务人员，虽然有较高品质、价值的艺术品征集资源，他们仍然将微拍定位于低价位的书画拍品，并且只拍书法和国画，呈现的作品价位相对较低，拍卖模式以“一口价”交割的方式居多。低价位拍品的定位，顺应了艺术品消费的趋势，在艺术市场疲软的大环境下，买家的心理更趋于保守，一般消费者对艺术品的要求并不高；“一口价”交割的模式，简化了竞拍的流程，提高了工作效率。

据两汉·秦淮书画微拍提供的数据显示，其成交拍品近一半的成交价在1,000元以内，1,000元至5,000元的作品约占总成交作品的43%，5,000元以上的作品仅为8%，2万元以上的作品成交率为0。大量拍品在低价位成交，恰恰说明艺术品消费市场的巨大潜力。

两汉·秦淮书画微拍10场成交价格区间分布

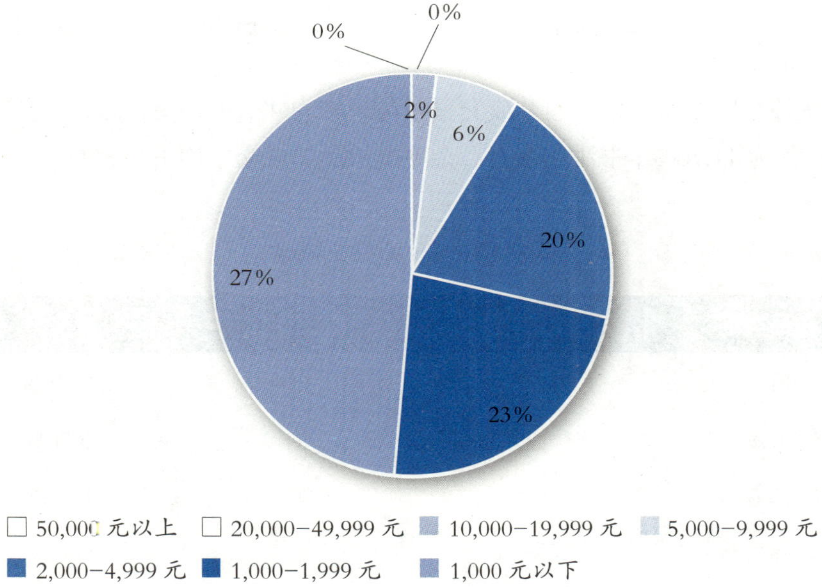

四、凤凰微拍

凤凰微拍在2016年共举办38场线上拍卖，本次调研，得到28场的成交数据，累计上拍国画、书法、玉石、朝鲜油画、杂项等类别的593件拍品，成交178件，总成交额508,200元，成交率约占30.02%，平均单场成交额为18,150元。国画、书法等上拍件数占总上拍件数的比率见下图：

凤凰微拍 28 场各类别拍品上拍情况

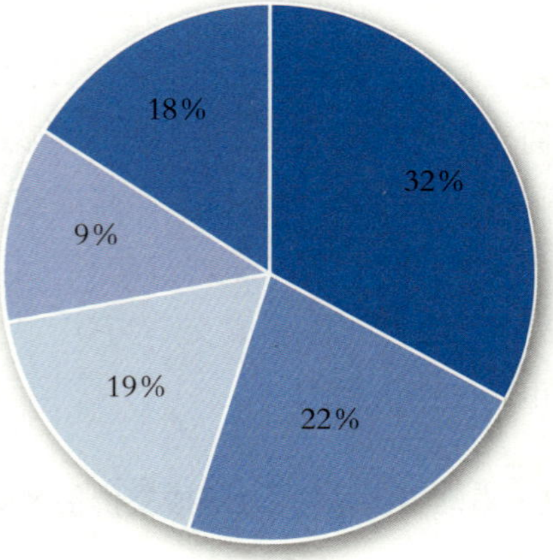

在各类别作品中，国画类成交率最高，约为 42.19%；朝鲜油画的成交率最低，约为 11.76%；书法、玉石、杂项类拍品的成交率均不足 30%。

凤凰微拍 28 场成交情况

拍品类别	上拍件数	成交件数	成交率
国画	192	81	42.19%
书法	129	34	26.36%
玉石	114	25	21.93%
朝鲜油画	51	6	11.76%
杂项	107	32	29.91%

在成交拍品中，国画以 81 件遥遥领先，成交额为 251,000 元，约占总成交额的 49.39%；其次为玉石类拍品，成交额为 143,000 元，约占总成交额的 28.14%。各类别拍品的成交最高价，国画为 56,000 元，书法为 9,000 元，玉石为 18,000 元，朝鲜油画为 3,000 元，杂项为 4,100 元。

凤凰微拍 28 场各门类成交额占总成交额比例

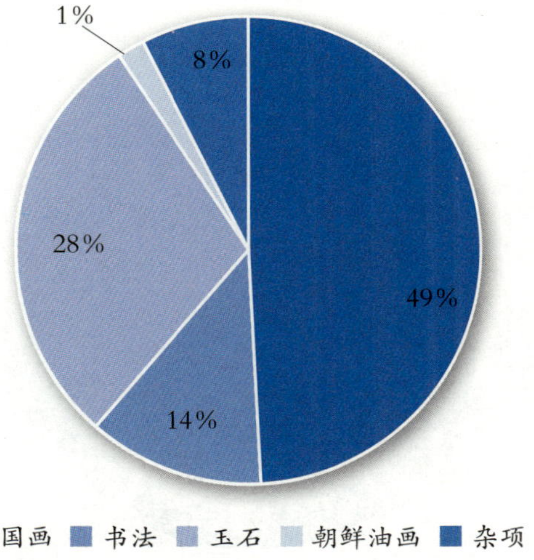

在所有成交的拍品中，仅 1 件拍品的成交价超过 5 万元，2—5 万元之间成交的拍品数量为 0，1—2 万之间成交的拍品数量为 10，1,000 元以下成交的拍品数量较多。详见下图：

凤凰微拍 28 场成交价区间分布

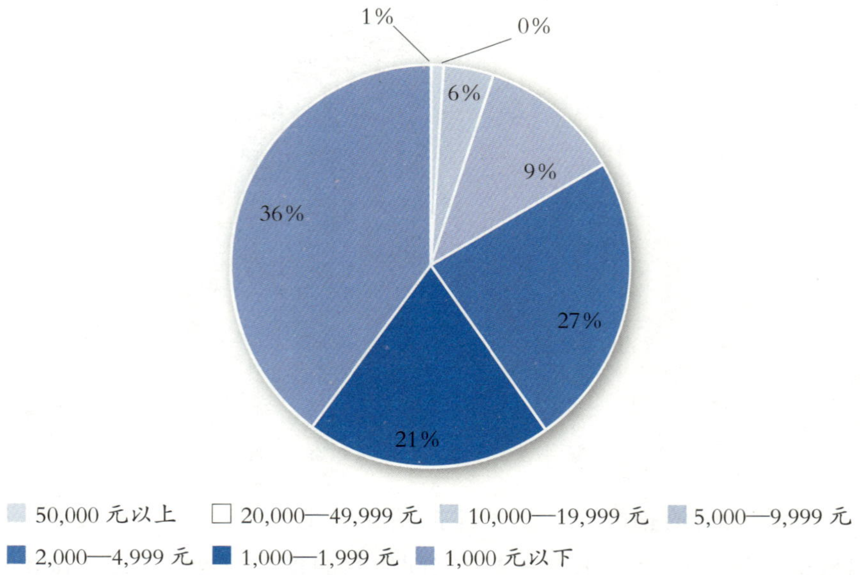

由上图可知，凤凰微拍 2016 年成交的拍品中，87% 的拍品成交价集中在 5000 元以下，其中 1000 元以下成交的拍品数量占总成交拍品的 36%。

当下，文物艺术品的收藏和消费群体趋于年轻化，他们有更开阔的视野和丰富的艺术阅历，艺术喜好和审美品味早已变得多元化。加之现代家庭装修风格的发展，作为家庭文化氛围营造的重要组成部分，传统的书画面貌和装裱样式已经不能满足年轻人的审美需求。微拍机构作为目前最为活跃的线上文物艺术品流通、供应平台，自身如何准确定位、特色经营，从而在艺术品市场的困局中开辟新的局面，是每一位从业者必须跨越的一道门槛。

第六章 两场对话

《2015江苏文物艺术品拍卖市场研究报告》辟有专章，选取南京十竹斋拍卖有限公司和南艺微拍，作为线下和线上的个案进行研究。该书出版后，在2016年12月22日于南京魏紫熙艺术馆举行，由省市有关部门领导、高校学者、艺术品经营机构负责人及艺术家代表、新闻记者等数十人参加的出版座谈会上，有专家建议在未来的年度研究报告中增加对收藏家、收藏行为及经营行为的研究。为此，本书在仍然保留文物艺术品经营机构的个案研究之外，选取一位收藏家为观察对象，以期发见收藏行为背后的动因，揭示良好的文物艺术品收藏路径。这两项个案研究，都以对话实录的形式铺陈。

第一场
“相看两不厌，只有敬亭山”
——李安源文物收藏访谈录

李安源，南京艺术学院人文学院副院长、副教授、硕士生导师，国务院学位委员会美术学学科评议组秘书。出版专著：《刘海粟与蔡元培》，山东画报出版社，2012；《回归原点：中国工笔名家古代经典绘画摹写集》（主编），安徽美术出版社，2012 年；《〈芥舟学画编〉校注》，山东画报出版社，2013 年；《王鉴〈梦境图〉研究》，中国美术学院出版社，2013 年；《庄弘醒》（主编），海南出版社，2015 年；《美色清华：民国时装粉彩瓷绘（1912—1929）》（副主编），译林出版社，2016 年；《与造物游：晚明艺术史学术研讨会文集》（主编），湖南美术出版社，2017 年；《人文通识讲堂：闳约大讲坛文集》（主编），商务印书馆，2017 年；《清画全集·王鉴卷》（上、下）（主编），浙江大学出版社，出版中；《无声诗：国画丛谈》，中华书局，出版中。

采访时间：2017 年 11 月 5 日
采访地点：南京艺术学院人文学院
采 访 者：顾瑜堃（以下简称“采访者”）
被采访者：李安源（以下简称“李”）

采访者：请问李老师是如何踏入收藏领域的？

李：对收藏的兴趣，缘起与绘画有关。我从小喜欢绘画，后来又研究绘画史，在学习的过程中有机会接触到瓷器，从而也关注到瓷器上的绘画。近十几年来我一直在蒐集各类瓷绘标本，有长沙窑、磁州窑、吉州窑及景德镇窑等，积累了大量可以深入研究的素材。近年来，我一直在构思写一本书，书名或许可以叫《瓷绘分析》吧。陶瓷上的绘画，跟我们正统意义绘画史上的绘画，既有共性，也有区别。其共性都是中国画的画法，区别就是它的民间趣味，活泼泼的更加贴近生活与自然。民窑中的很多瓷绘，它和那种高高在上的美术史中的名作不太一样，就像我们讲的小孩子的绘画，非常自由、天真、见性，充满了自然的生机与生活的情趣。那种天趣，那种天真烂漫，是士大夫绘画中缺少的，但它在精神与情韵上，又是典型的中国人的一种审美。所以我认为，艺术史研究，既要接受正统的绘画史训练，同时

图一　南京博物院《美色清华》图册

也要关心民间艺术。

采访者：您的收藏，主要以一种缘分的“遇”还是有目的的“寻”为主？

李：我的收藏，目的还是在于研究。研究性的收藏更注重专题性。我较早关注的一个专题性收藏，就是民国时装人物粉彩，去年南京博物院借去百余件做了一个专题展（图一）。这个展览的影响很大，原因就是这批文物的学术性很高，但是之前在很长的时间里没有得到应有的关注。过去我们看到瓷器上的绘画，无非都是传统样式与母题的惯性延续，而民国时装人物瓷器把民国初期女性的时尚生活融入画面，这在中国陶瓷史上是破天荒的一件事情。民国早期文化，是一个中西文化结合的巅峰时期。景德镇瓷器画工很巧妙地结合当时的社会现实，把海派的摩登女郎画在瓷器上，其背景是现代都市建筑，那些摩登女郎，戴着手表、手执洋伞、拉着手风琴、拿着望远镜，一派闲适的生活画卷，时代特点非常鲜明，其画面塑造既有传统的造型方式，又有很朦胧的对西方绘画的认识与仿效，是一种很初步的中西合璧的绘画尝试，同时它使用的色彩是洋彩，并非中国传统的瓷绘色彩。所以，我确定了收藏目标后，当然是有目的地寻找藏品了；至于能否收到心仪的藏品，那只能随缘的了。

采访者：您在收藏过程中觉得比较开心的事是什么？

李：比较开心的事，就是当你确定一个收藏专题，将它进行下去的时候，这时候收到一件藏品，无论是它的器形还是绘画题材，如果突破了过去的收藏类型，都会给你带来欣喜。这样的惊喜是经常会有的，甚至是隔三差五就会有。比如时装粉彩，一般来讲，常见的主题是一群摩登女郎带着小孩游戏啊，在园林踏青啊。当你突然收集到一件题材完全不一样的瓷器，就会非常高兴。譬如多年以前，一位朋友帮我从比利时买到一件时装粉彩瓷器，其题材就很独特，这件瓷器器形很大，60 厘米高的一个大花瓶。上面画的内容就跟过去完全不一样，它画的是一个现代婚礼的题材，画着一位像孙中山模样的男士，穿着西服，与一位披着婚纱的女士在举行一个婚礼，周围的伴娘雀跃而入（图二）。迄今为止，

图二　民国时装人物瓷器

图三　南宋吉州窑盏

图四　南宋吉州窑盏正面

我还没有发现有同样的题材出现，所以它的价值就可想而知了。

采访者：听说您近期在收藏南宋吉州窑瓷盏。为什么想到收藏这样一个品种呢？

李：吉州窑瓷器滴洒的纹样，形成了一幅幅抽象绘画，这种巧夺天工的美很高级，叫天地有大美而不言（图三、图四）。过去我们经常讲抽象绘画的发生，总认为是西方20世纪初的一个创造，什么康定斯基，蒙德里安啊，勃洛克，等等，其实殊不知中国古人早就在做这些事情。绘画的抽象性，在中国古代的瓷器上体现得淋漓尽致，吉州窑只是一个典型，在此之前，像唐代的长沙窑就已经很丰富了，我也收藏了不少长沙窑标本。我收藏吉州窑，主要是想告诉大家抽象艺术发生的源泉在中国，中国人对抽象审美的认知比西方要早一千多年。就像前面讲的，我打算写一本关于瓷绘分析的书，这本书的读者，并不局限于研究瓷器的人，他可以是研究中国绘画的人，研究设计的人，哪怕是一些不从事艺术工作，但对绘画有热爱的人，他可以是大人，也可以是小孩，是一本审美启蒙的书，只是它所使用的素材是瓷绘。

图五　晚明瓷器标本

所以说我的陶瓷专题从来就不是为收藏而收藏。跟许多收藏家不同的地方在于，我的收藏主要还是为了研究，我是一个学者。所以我的一些藏品，是很多人没有见过的题材，是很多人可能不会想到去收的题材。有的时候他们没有发现这其中的妙处。比如之前收过一个青花瓷标本，画的是一个剪着刘海发型的“兔女郎”（图五），题材很罕见，非常幽默。明代晚期，青花瓷上特别流行画兔子，我收藏的这个标本上的兔子，被画工拟人化了，像女孩子留着一个刘海，头顶上两个大耳朵。这就说明，古人在造物的时候，实际上天生地带着一种情趣去理解世界，非常有想象力。我们今天讲这种兔女郎，是20世纪日本发展出来的一个色情产业的标识。我有时候跟朋友开玩笑说，你知道最早的兔女郎是在哪里吗？在中国，在400多年前，比日本的兔女郎还要早300年。还有一个晚明的瓷片，上面画了一个很有趣的人物头像，长得酷似毕加索（图六），我经常开玩笑说，这是中国古代画工笔下的毕加索。我讲的这些，对于你来说，一定是天方夜谭吧。

图六　晚明瓷器标本

采访者：您收藏的范围很广，您平时都是怎么来学习和鉴别他们的呢？

李：鉴别是很深奥的学问，没有审美认知的人是很难入门的。即便如此，古陶瓷鉴定比绘画鉴定还是要难得多，因为古画的现代高仿是做不起来的。鉴定瓷器的年代，它实际上跟你过去所学到的知识，跟你所有的经历与经验有关系。我其实不是研究瓷器出身的，现在的专业是研究绘画史，此前的专业是油画，很西方的画种，但从未影响到我对中国画的兴趣。对绘画这门艺术形式，我是经历了一个从科班到专业研究的过程，所以当我进入瓷器收藏领域的时候，首先吸引我的还是瓷器上的绘画，尤其是明清的青花瓷，瓷绘的内容可谓博大精深，是它把我带到瓷器研究的门径里。

所以从鉴定的角度讲，我有过绘画创作的经验，还有中国绘画史的研究经验，其实还是起到了很大作用的。然后我在进行标本收藏的时候，切入角度还是以瓷绘标本为主，搜集了大量的标本，现在依然乐此不疲。当然，我收藏的标本，主要目的是用来研究绘画的，所以这些年我所收藏的陶瓷标本一定是有画意的。有精湛画工的陶瓷标本，不仅仅是市场价值高，作为一个标本的话，它也体现了一件文物方方面面的信息。标本比完整瓷器的一个好处就是，我们除了看它的釉色与画工，还可以看到残瓷的胎质以及瓷器内部的工艺。瓷器的胎质与工艺是瓷器鉴别非常重要的一个方面，因为每一个地域的土壤是不一样的，一个北方窑口就无法做出南方窑口的瓷器。

其次，不同时代瓷器的器形是变化的，这就需要大量的标本来检验。你可以通过标本来了解器形，了解它的胎质，了解其画工画风在不同时期的转变。画风的转变特别有意思，每一个朝代都会有一些变化。不同的时期，皇帝的喜好不同，民间的兴趣不同，它都会在瓷器上有所体现。从这个上面也可以看出当时社会发展的一些情况。

采访者：您对中国目前陶瓷业的发展如何看待？

李：现在的很多瓷器制作，表面看是审美的缺乏，主要还是缺少一种对自然的观照，缺少古人“万物皆吾与也”的那种与自然的亲密感。为什么现在国家要讲工匠精神？实际上就是试图恢复这种传统。当然真正做到不是那么简单，不是喊喊口号就能解决的。它涉及的是一个艺术与人文教育的问题，就是从启蒙教育开始，从小学、初中、高中乃至大学教育的一个审美认知塑造的问题。

采访者：您对于当代的艺术陶瓷作品有没有什么看法？

李：当代艺术陶瓷缺乏的不是想象力或新颖的形式与观念，而是一种对中国自身文化气质的认知、延续与塑造，很多时候它追求的只是一种表面、外在的东西，缺乏一种集体的、共同的民族性格。

采访者：您如何看待近几年国家出台的鼓励民间收藏的政策？您觉得会不会引发一场新的收藏热？

李：这个没有关注过。这么多年来做艺术史研究，都是躲在书斋里进行的，收藏是单纯的喜欢，没有关注过拍卖行情。我的收藏是纯粹的艺术爱好，纯粹跟艺术史研究与绘画创作相关，以后也不会关心市场的问题。

采访者：您认为艺术品收藏给您带来的最大感悟和收获是什么？

李：从某种角度上讲，我并不是严格意义的收藏家，我的文物收藏纯属艺术欣赏，哪怕是小小的一块青花瓷片，只要是画得好，常会令人产生无尽遐想。欣赏的过程会有很多乐趣，与古人对话，是一种会心的默契，就像李白诗里写的，相看两不厌，只有敬亭山。当你把所有的这种热爱与情思都投入进去，最后你就会发现里面是一片桃源胜境。这些奇妙的发现，最终我会把它写出来，或是融合到创作里，跟大家一起分享（图七、八为李安源旧藏）。

图七　南宋鹤鹿同春铜镜

图八　清末期德化窑观音像（许云麟制作）

第二场
为中国文物艺术品拍卖贡献更多的“南艺力量”
——顾颖访谈录

采访时间：2017 年 10 月 23 日

采访地点：南京艺术学院艺术市场实验中心

采 访 者：史悦（以下称“采访者”）

被采访者：顾颖（以下简称“顾”）

采访者：首先祝贺南京艺术学院艺术市场实验中心在前不久荣获中国艺术权力榜“年度艺术创意”大奖。作为中心的主任，您可否先介绍一下这个中心的大体情况？

顾：谢谢。首先需要说明的是，南京艺术学院艺术市场实验中心既不是企业，也不是学校的二级单位，它是一个教学实践平台。中心成立于 2016 年

2017 年 6 月 3 日，北京民生现代美术馆，中国艺术权力榜十周年暨 2016 年度颁奖典礼。

5 月，中心的任务是，承担与艺术市场有关专业的教学实践任务、与艺术市场有关项目的科学研究任务、与空间艺术创作有关专业的产业发展任务。其工作重点是，带领相关专业的学生，通过与有关拍卖企业的合作，扩大和提升艺术市场的运行能力，从线下和线上两个层面构建具有南艺特色的艺术市场尤其是书画拍卖市场，着力打造多个平台，相互策应、相互补充，对我校师生创作的艺术品进行动态和静态的推广。中心成立一年半来，主要做了如下五个方面的工作：参与举办南京艺术学院艺术品竞买会，参与举办南艺微拍，举办艺术展览，进行本校艺术家线上访谈和艺术市场资讯发布，编撰《江苏省文物艺术品拍卖市场年度研究报告》。

中心的工作人员，目前由人文学院、文化产业学院的优秀本科毕业生组成，另有数名在读的本科生和研究生利用课余时间兼职。

采访者：南京艺术学院艺术品竞买会声名远播，可否请您介绍一下它的创办缘起？

顾：南艺竞买会肇创于 2009 年。那年秋天，我为南京艺术学院人文学院艺术管理系 2007 级美术方向的本科生讲授专业课“艺术品收藏与拍卖”时，深感传统的课堂理论教学形式不能适应这门跨学科、重实务的新设课程的教学要求，经与全体同学商议，决定在上半学期进行课堂理论讲授之后，于下半学期举办一场校园竞买会，期末由每位同学根据理论学习心得和竞买会经验写出一篇论文。当年 12 月 8 日，南艺校庆前夕，由南艺与江苏侨信拍卖公司联办的“南京艺术学院 2009 冬季竞买会”在美术学院展厅举行。这就是南艺竞买会的发轫。

举办南艺竞买会的目的，在于通过实际训练，启发学生的学习兴趣，增进其艺术品拍卖活动组织、博物馆藏品管理、书画鉴赏、篆书草书识读、艺术品拍卖图录编撰、艺术品摄影、展览策划与实施、艺术赞助等方面的专业知识，打通多门专业课程，强化学生的专业认知，实现与社会需要的无缝对接，为社会培养真正有用的专业人才。作为对教学组织形式的探索，2009 年底的竞买会虽在规模、组织等方面存在不足，仍然得到全体同学、院系领导和社会各界的广泛好评。从那以后到 2012 年，每年都由艺术管理系的同学组织一届竞买会。2013 年开始每年于春、秋两季各办一届，参与者也由人文学院扩大到文化产业学院、美术学院、设计学院乃至音乐学院。2016 年 6 月，南京艺术学院成立艺术市场实验中心。

8 年来，南艺竞买会成功举办 14 届，实训本科生和研究生数百人，已发展成为中国高校最为规范、品质最高、影响最大的艺术品经营管理课程教学实践平台，成为南艺服务社会的重要窗口。

采访者：您一直强调南艺竞买会是一门课，事实上，每届竞买会都是“艺术品收藏与拍卖”“拍卖策划与管理”“毕业汇报”等课程的组织形式。那么，您具体是如何进行教学的呢？

南艺竞买会现场

顾：无论是艺术管理还是文物鉴赏与修复，都是新兴专业、跨学科专业，又有着很强的实务性，传统的课堂理论教学极易流于假设空谈、隔靴搔痒，不能满足教学目的和学生的实际需要；而这些专业所开设的众多专业课程，也需要某种形式的统领、融通和集合，以期进一步提升学生的综合素养，实现学校人才培养与社会需求的无缝对接。基于这一认识，我们在教学中以理论与实践全方位结合为抓手，对南艺竞买会这一独特的教学形式精心进行了顶层设计。

和一般文物艺术品拍卖会的工作流程相同，南艺竞买会包含时间确定、场地确定、作品征集、库房管理、作品研究和遴选、专场确定、宣传招商、图片拍摄、图录编印和发放、精品展、预展、竞买、买受人付款提货、委托人结算、未成交作品退还、财务决算和分析、活动总结等内容。但与以营利为目的的商业活动迥异的是，作为一项教学活动，南艺竞买会始终以教书育人为惟一使命。这一本质，体现在竞买会的各个方面：

第一，努力锻造学生的自我管理能力。按照社会上的文物艺术品拍卖企业的组织架构，每届竞买会策划之初，都由全体学生推举一或两位总负责人；再根据专长和兴趣，由每个学生自选岗位，组成作品征集部、图文编辑部、宣传招商部、库房管理研究部、财务统计部和行政保障部等工作部门；最后产生各部门的负责人。活动开始时，都由上届的优秀学生介绍工作流程、分享工作体会、讲述注意事项。活动过程中，遵循分工协作、科层管理的原则，逐层有序开展工作，任课教师则全程跟进、实时指导。活动结束后，由总负责人根据每个学生的实际表现，向任课教师提交成绩建议，由任课教师最终给出课程成绩。

第二，努力锻造学生的实际工作能力。为最大程度地磨练学生，强调一切工作都由学生独立完成，严禁假他人之手。活动之初，总负责人和各部门负责人须独立写出策划案，禁止借鉴、抄袭学长们的成果；设计征集海报、精品展海报、预展和竞买海报、征集合同、库房管理规定、入出库凭证、作品登记表、成交确认书、付款提货凭证时，都要求独立完成；编印图录时，要求独立拍摄制作作品图片、识读款识印鉴、撰写艺术家小传、编排页面、修图校色、进厂跟单；商谈赞助、租借展板、印制宣传品时，要求独立谈判，以求最高性价比；布置精品展和预展时，要求全员参与、独立完成；竞买时，要求所有工作岗位都由学生充任；财务结算及编制财务报告时，须由学生运用所学专业知识独立实施。通过上述努力，学生增进了文物艺术品拍卖活动组织、藏品管理、书画鉴定、书画装裱、艺术市场、篆书草书识读、艺术品摄影、拍卖图录编撰、展览策划、艺术赞助、商务礼仪与商务礼仪、财务管理等方面的专业知识，几乎覆盖了艺术管理、文物鉴赏与修复等专业的所有专业课。

第三，努力提升工作实效。为确保教学效果，任课教师旗帜鲜明地提出：禁止模拟拍卖，必须真枪实弹。这表现在两个方面：一是严格遵循正规文物艺术品拍卖会的操作流程，二是强调作品的可售性。南艺竞买会现场成交率都在 80% 以上，远超多数社会上的拍卖会；会后洽购也异常活跃。事实上，南艺竞买会每届都能在扣除工作成本外有所盈余，成为一项不用学校资金投入、反倒在经济上对学校有所贡献的活动，正说明这门课教学之成功。如果教学过程中降格以求，势必不会取得较好的成交。

第四，竭力追求道德纯净。南艺竞买会的实质是教学活动，教书育人的理念贯穿始终。每届策划之初，任课教师首先都会详细讲授《中华人民共和国拍卖法》等相关法律法规，坚决禁止活动中出现拍假、假拍、提前买断、举牌自保、价格表演、自买自卖等中国文物艺术品拍卖业习见的恶劣行为。为确保作品来源可靠、保护竞买人利益，绝大部分作品都直接由作者提供，其余的也都请作者本人或其亲属及权威鉴定者进行鉴定确认。校内外众多书画家如江宏传、薛亮等出于对学生教学工作的支持，常以远低于市场价的标准定底价，有的甚至不设底价。历届竞买会的盈余，除按总负责人的建议向全体参与学生发放一点交通通讯补贴外，悉数上交学校，留作下届的启动经费及对经济困难学生的资助。

第五，及时进行理论总结。每届竞买会循依的都是理论—实践—理论的路径。启动前，先由任课教师进行几周的课堂理论教学；结束后，全体参与的学生按照教师要求，以课堂交流、撰写总结报告或课程论文等形式，进行深度而系统的活动总结，以期深化学生的认识。

实践证明，上述方法具有极强的针对性、合理性和可操作性，效果显著。学生普遍感到学有所获，毕业后用人单位也都给予较高评价。

采访者：这样的课程教学，有哪些实际成效呢？

顾：南艺竞买会这种独特的教学形式创办以来，不但使参与的同学们得到了实际锻炼，也受到校领导、各有关教学单位的师生、中央和省市新闻媒体以及包括驻宁部队、省市机关、著名企业等单位的领导们在内的各界人士的广泛好评。具体而言，成效如下：

第一，通过竞买会的举办，同学们不但切实掌握了文物艺术品拍卖会的流程和方法，还在藏品管理、书画鉴定与估价、篆书草书识读、文物艺术品拍卖图录编撰、艺术品摄影、展览策划与布置等方面有了深刻的认知。学生对文物艺术品鉴赏、拍卖的从业或研究的兴趣得以启发，继续学习、持续发展的能力得以养成。很多同学办完竞买会都说：原来文物艺术品拍卖这么有意思！为了抄录作品上的款识、印鉴，同学们自觉地去学习繁体字、学习草书篆书；为了确定作品的真伪，大家又会主动去图书馆和网上查资料，进步很快。这就是被逼着学与主动学的不同；而经过竞买会的浇灌，有的花儿走上了文物艺术品鉴定或美术史研究、文博学研究的学术道路，有的从事着文物艺术品拍卖的实务，即便毕业后没有从事本专业工作，也都因竞买会养分的滋养而成长茁壮，这是最令做教师的感到快慰的。

第二，竞买会是集体协作的产物，同学们由此培养了协作精神，提高了合作共事的能力，学会了克制和谦让，完善了人格，同时也增进了彼此之间的感情。此外，在作品征集、布展、竞买、结算期间，锻炼了与人沟通的能力。我到现在还记得 2008 级的一个女生说过的话，她说自己原本特别内向，怕和陌生人说话，可征集作品时必须出去跑啊，只好硬着头皮去美院学生的宿舍挨个敲门。一学期下来，不但变得开朗大方了，还和好多美院的学生成了朋友。

第三，竞买会培养了同学们对文物艺术品拍卖的兴趣，同时也成为他们展示才华、赢得就业机会的绝好舞台。据不完全统计，2011 年以来，通过竞买会而走上艺术市场从业或研究道路的学生已近 200 人，他们分布于北京、上海、香港、杭州、南京及伦敦等地的文物艺术品经营、保藏及研究机构，实力强劲，成长迅速，成为引人瞩目的“南艺力量”；有的已能独当一面，毕业未久即已成为著名拍卖公司的总经理。就在最近，我推荐到上海匡时实习的一名文化产业学院的毕业生也被该公司正式聘用了。

第四，由于作品主要来自南艺美院、设计学院等教学单位的师生，竞买会客观上促进了他们的创作，提高了一些优秀创作者的知名度、美誉度和影响力。有的学生已成为众多书画收藏者、艺术品经营机构重点关注的对象。试想，如果没有这样的推广平台，虽有后劲但稚气未脱的学生作品还有什么更好的机会能让校外人士了解、认知呢？

第五，竞买会受到众多有识人士和新闻媒体的广泛关注。中共江苏省委常委、宣传部长王燕文曾对这一富有成效的教学实践形式给予肯定。中国教育报、光明网、凤凰网、新华日报、江苏广电总台、南京日报、南京电视台、南京人民广播电台、扬子晚报、现代快报及其艺+周刊、金陵晚报、南京晨报、东方卫报、大众证券报及外地的艺术商业杂志、业内门户网站雅昌艺术网等多次热情报道。来自驻宁部队、省市机关和中央新闻媒体驻江苏记者站等单位的领导们不但给予高度评价，有的还亲自参与竞买。这些，都提升了有关专业乃至整个南艺的美誉度和影响力。

第六，南艺竞买会这一教学形式的成功，还包括其所发挥的示范作用。在南艺竞买会启发下，省内外一些高校也陆续或计划以类似的形式组织教学。另一方面，南艺竞买会上拍作品遴选、图录编撰的严谨和科学，也使其成为很多社会拍卖机构尤其是南京的文物艺术品拍卖企业参照乃至直接模仿的对象。

第七，文物艺术品拍卖会向来只走高端路线，南艺竞买会的上拍作品则以校友、本校教师尤其是在读学生的作品为主，这些价位不高的艺术品满足了众多消费者装饰和社会交往的需求，丰富了文物艺术品的市场层次。随着影响的日益扩大，南艺竞买会的辐射人群越来越多，也为艺术市场消费者的发现、培养做出了实际贡献。

2016年10月31日，新获聘任为南京艺术学院客座教授的中国嘉德国际拍卖有限公司董事总裁兼CEO胡妍妍等三位业界知名人士考察艺术市场实验中心。

采访者：您说南艺微拍也是南艺艺术市场实验中心的一项重要工作。南艺微拍是如何设计的呢?

顾：南艺微拍由江苏侨信拍卖公司与南京艺术学院联合主办，南京艺术学院艺术市场实验中心承办，南京艺术学院中国艺术品投资价值研究中心提供学术支持。其宗旨是：依托南艺丰厚的艺术资源，致力于向社会推介这所百年名校的教学成果和师生创作。由于南艺微拍也接受本校人文学院、文化产业学院及美术学院相关专业在校学生的见习，所以它又有着教学实践平台的特质。

南艺微拍于2015年11月筹备，12月29日首次推出，组建微信群7个，初期群成员1,100余人。截至2017年10月10日，已成功举办75场，累计上拍作品2,000余件，涵盖书法、国画、油画、水彩画、水粉画、壁画、插画、版画、篆刻、漆艺、雕塑、美术文献等门类，平均成交率约为90%，成为全省最为正规、成交最为活跃的艺术品微拍平台。

作为南京艺术学院重要的教学实践平台、教学成果和师生创作展示推广平台，南艺微拍在作品征集和遴选上拍时，特别注意推出本校在校师生和校友的创作；此外，在作品选择上始终坚持各年龄层次的有机结合、各种艺术品门类的综合呈现，以满足不同人群的需求。

南艺微拍由南京艺术学院艺术市场实验中心的工作人员具体负责全部工作，包括作品征集与遴选、库房管理、拍照制图、作品研究与信息整理、微信公号推送制作发布、组织竞拍、结算、作品寄送及日常财务管理等环节。原则上每周推出一期，遇寒暑假及筹备南京艺术学院春、秋季艺术品竞买会，则均暂停数期。

南艺微拍的流程包括：经过数日的征集、遴选、作品研究与信息整理，周日完成本期推送的编辑制作，周一上午10时向微信公号订阅者和微拍群成员公开发布本期推送；推送发布后，即开始线上及线下预展并接受群成员中买家的自由报价（线下预展地点为南京艺术学院艺术市场实验中心展厅）；周二晚6时（初期为7时）开始在各群正式拍卖，一般于11时左右结束；次日起，进行买家结算、卖家出售收益结算及向委托人和买受人退送作品。

采访者：现在微拍平台很多，南艺微拍的开办并不算早，但影响很大。它是如何做到脱颖而出的呢?

顾：作为一家著名艺术院校的教学实践平台，南艺微拍格外注重品质的锻造。主要从以下几个方面着手：

第一，强调拍品的艺术性，坚决摒弃虽然也能成交、但艺术价值不高的作品，无论是书画、篆刻还是手工制品，努力以专业眼光粹选精品。

第二，强调作品来源的可靠性和广泛性，全部保真。

第三，注重拍品底价的低廉，力争大部分作品无底价竞买（按照规则，无底价拍品均从 200 元起拍）。

第四，注重拍品介绍的规范性。其中包括：详细抄录款识、印鉴；载明尺寸面积、创作年代、材质、形制；按照所定体例编写作者简介；遵依文物艺术品业界的规范为作品命名；遇有一般受众不易识读的篆书、草书作品，还全文抄录释文；图片拍摄、制作，务求遵依文物艺术品摄影的要求。

第五，强调底价和竞价过程的真实透明，坚决杜绝假拍。其中包括：在推送中和拍卖时公开载明真实底价，无底价者直接写"无底价"，有底价者则以底价为起拍价；自由报价和正式拍卖时，绝不允许委托人自我保护，遇有竞买人私信报价而他人存有疑问，则即将私信报价消息截屏发给存疑者验看；无论是何拍品，倘无人应价，则公开宣告流拍，绝不为了追求成交率而虚假成交。

第六，在内部管理方面，南艺微拍高度重视正规化建设。一些微拍贪图方便，只要求委托人提供作品图片，然后即以此上拍，以至拍卖完成后发现图片与原作相距甚远，甚至原作实乃印刷品，由此酿成诸多争议。南艺微拍则要求征集时必须签署委托拍卖合同，作品须先入库始得进入遴选程序。在库房作品管理、作品台账建立与更新以及入库、出库手续等方面，也都要求执行文物艺术品拍卖企业的操作规程。每期拍卖完成，将推送打印成纸质文本，连同其他凭据归档保存。

采访者：我到现在都还清楚记得，去年 11 月 11 日"光棍节"，艺术市场实验中心举办过丁亚雷、张筱膺这对画家伉俪的画展。

顾：是的，那是个很有趣的展览，很成功。按照计划，南艺艺术市场实验中心每月在中心展厅举办一场艺术展览，除了丁老师、张老师的这个，还办过人文学院教师任大庆的画展、美术学院优秀毕业生顾燕的画展、美术学院师生的成扇作品联展等。

与一般的艺术展览不同，南艺艺术市场实验中心举办的艺术展览特别强调其教学意义，除作品展示外，还专设教学文献展示、现场面批学生写生作业、

2017 年 3 月 10 日，南京艺术学院人文学院教师任大庆在向学生示范写生。这是艺术市场实验中心所举办的任大庆画展的一个环节。

向学生现场示范绘画技法等环节，以期更好发挥展览的教学功能。这一设计，受到本校师生及校外艺术爱好者的普遍欢迎。

采访者：我订阅了南艺艺术市场实验中心的微信公号，常常收到中心有关艺术市场资讯的推送。

顾：是的，按照计划，中心每周发布一篇对本校艺术家的访谈、每天发布一篇艺术市场的新鲜资讯（微拍预展和拍卖日除外）。这些访谈和资讯的发布，均依托中心的微信公号，由中心工作人员负责访谈、记录、写作、编排。迄今为止，已发布百余篇艺术家访谈和海内外艺术市场新鲜而有益的资讯，受众反映良好。不过对本校艺术家的访谈这项工作落实得不好，至今只做了两次。事实上，线上访谈也是对艺术家进行宣传推广的好形式，不但能见其作品，更可以触摸到其创作心路，效果有时甚至好过简单的作品展。

采访者：竞买会、微拍、线下展览、线上访谈和资讯发布，再加上《江苏文物艺术品拍卖市场年度研究报告》的编撰出版，的确是一个很好的结构设计。

顾：我们希望能将南艺这所百年名校的创作资源更好地介绍给全社会。长期以来这项工作都没有人做，而相对于南艺艺术创作资源的丰厚，我们做得也还远远不够。

附录

【附录一】

2016 年江苏文物艺术品拍卖公司成交总额排名（TOP10）

排名	拍卖公司	上拍件数	成交总额（万元）
1	正大	400	25,114.1460
2	经典	1,425	22,050.0764
3	十竹斋[1]	3,701	20,817.1681
4	凤凰	706	13,040.0155
5	沧海	1,187	10,433.3175
6	爱涛	1,888	9,493.4800
7	嘉恒、磊峰[2]	529	5,447.6270
8	海德	517	3,639.7175
9	龙城	915	3,468.1297
10	盛得	657	1,031.504

[1] 南京十竹斋 2016 年举办了春、秋两季拍卖会，其中秋季拍卖会系与江苏聚德联合举办。

[2] 江苏磊峰首届艺术品拍卖会系与江苏嘉恒联合举办，故并列于此。

2016 年江苏文物艺术品拍卖市场古代书画作品成交价排名
（TOP10）

排名	作者	作品	拍卖机构	拍卖会	图录号	成交价（万元）
1	石　涛	诗书画卷	经典	秋拍	809	787.75
2	王　翚	仿米云山图卷	经典	春拍	724	471.5
3	王　翚	桃源图	经典	秋拍	806	460
4	傅　山	草书杜甫《义鹘行》	十竹斋	春拍	22	345
5	文征明	琵琶行	嘉恒磊峰	首拍	284	310.5
6	赵之谦	尺牍十四开	经典	春拍	720	287.5
7	郑板桥	六分半书	经典	春拍	722	258.75
8	文征明	江雪送别诗话卷	十竹斋	春拍	35	253
9	林则徐	行书八言联	十竹斋	春拍	179	241.5
10	王　铎	范孺人节烈	经典	春拍	728	230

【附录三】

2016年江苏文物艺术品拍卖市场近现代书画作品成交价排名（TOP50）

排名	作者	作品	拍卖机构	拍卖会	图录号	成交价（万元）
1	陆俨少	岭南胜游	经典	春拍	244	2,990
2	宋文治	江南春晓	凤凰	秋拍	147	1,000.5
3	张大千	翠谷雨霁图	凤凰	春拍	223	862.5
4	钱松喦	长城万里	凤凰	春拍	4	805
5	高二适	书法	经典	秋拍	533	770.5
6	傅抱石	观瀑图	十竹斋	春拍	426	690
6	林散之	书法册页	嘉恒、磊峰	首拍	64	690
8	陆俨少	江山胜览	经典	秋拍	232	460
9	谢稚柳	晴江飘影图	凤凰	秋拍	384	402.5
9	张大千	流水入弦歌	经典	秋拍	217	402.5
11	张大千	环荜庵一角	沧海	5周年春拍	381	391
12	黄宾虹	雁荡山纪游	十竹斋	春拍	500	368
12	张大千	峨眉佛光	十竹斋	春拍	527	368
14	傅抱石	松	嘉恒、磊峰	首拍	61	345
14	林散之	李太白草书歌行	经典	秋拍	714	345
14	吴昌硕 王一亭	花卉	十竹斋	春拍	619	345
14	于非闇	荷花蜻蜓	十竹斋	春拍	504	345
18	傅抱石	观涛图	凤凰	秋拍	146	322
18	魏紫熙	黄山高秋	凤凰	春拍	19	322
20	钱松喦	钟山风雨	经典	春拍	178	276

排名	作者	作品	拍卖机构	拍卖会	图录号	成交价（万元）
21	齐白石	荷花鸳鸯	经典	秋拍	237	230
22	陆俨少	巫峡云涛	沧海	5周年秋拍	605	227.7
23	傅小石	丽人行	海德	春拍	9	224.25
24	弘　一	书法	经典	秋拍	483	218.5
25	钱松喦	祖国春常好	凤凰	秋拍	150	216.2
26	魏紫熙	黄山高秋	十竹斋	春拍	422	207
26	魏紫熙	秋山璀璨	凤凰	春拍	18	207
26	于右任	草书千字文	十竹斋	春拍	558	207
29	魏紫熙	报矿	凤凰	春拍	17	195.5
30	周抡园	清风徐来	凤凰	秋拍	371	184
30	黄　胄	公社养鸡场	沧海	5周年秋拍	606	184
32	汪精卫 冯玉祥	书法	经典	秋拍	603	181.7
33	齐白石	荷花鸳鸯	经典	春拍	225	180
34	齐白石	三秋、雁来红对屏	沧海	5周年秋拍	623	178.25
35	林散之	行书毛主席词	沧海	5周年秋拍	604	174.8
36	周抡园	山居图	凤凰	秋拍	372	172.5
36	傅小石	荆轲刺秦	海德	春拍	23	172.5
36	徐悲鸿	立马图	十竹斋	春拍	501	172.5
36	傅抱石	松下悟道图	十竹斋、聚德	联合秋拍	794	172.5
36	林风眠	秋林野逸	沧海	5周年春拍	33	172.5
41	李可染	春雨牧归	沧海	5周年秋拍	609	170.2
42	钱松喦	江南锦绣	十竹斋	春拍	404	166.75
43	黄宾虹	访友图	凤凰	秋拍	374	161

排名	作者	作品	拍卖机构	拍卖会	图录号	成交价（万元）
43	黄　胄	牧女图	嘉恒、磊峰	首拍	67	161
43	林风眠	瓶花	十竹斋	春拍	502	161
46	陆俨少	归渔图	沧海	5周年春拍	389	149.5
46	陆俨少	秋山寂居图	凤凰	秋拍	390	149.5
48	李可染	归牧图	沧海	5周年秋拍	358	143.7
49	陆俨少	巴船出峡图	沧海	5周年秋拍	181	138
49	钱松嵒	太湖光明亭	凤凰	秋拍	148	138
49	钱松嵒	古村图	嘉恒、磊峰	首拍	85	138

【附录四】

2016年江苏文物艺术品拍卖市场在世书画家作品成交价排名
（TOP30）

排名	作者	作品	拍卖机构	拍卖会	图录号	成交价（万元）
1	徐乐乐	寿星图	经典	秋拍	852	132.25
2	黄永玉	金莲彩荷图	经典	春拍	209	105.8
3	刘文西	陕北老农	沧海	5周年秋拍	509	87.4
4	任　重	雪鸠双清	十竹斋	春拍	812	69
5	沈威峰	绿竹图	十竹斋	春拍	909	67.85
6	周京新	水浒人物手卷	两汉	四季拍	90	62.1
6	薛　亮	碧云湖山	凤凰	秋拍	82	62.1
8	李佰虎	山水	嘉恒、磊峰	首拍	215	59.8
8	喻继高	瑞鹤迎春	经典	秋拍	872	59.8
10	冯大中	惊梦	沧海	5周年秋拍	643	57.5
10	孙其峰	鸣春图	沧海	5周年秋拍	627	57.5
10	薛　亮	春风染碧色	十竹斋	春拍	825	57.5
13	喻继高	瑞鹤迎春	嘉恒、磊峰	首拍	189	55.2
14	薛　亮	山居在云中	经典	秋拍	867	54.05
15	周京新	替天行道	两汉	四季拍	87	50.4
16	陈佩秋	金秋双蝶	沧海	5周年秋拍	613	43.8
17	孙其峰	白鹰	凤凰	秋拍	363	41.4
18	沈威峰	小品四开	凤凰	秋拍	84	40.25
18	周　雪	《游·梦》系列——热带雨林	凤凰	春拍	52	40.25
18	萧　平	柳宗元诗意图	经典	秋拍	854	40.25

排名	作者	作品	拍卖机构	拍卖会	图录号	成交价（万元）
21	江宏伟	芦苇深处	十竹斋	春拍	810	39.1
22	范贺斌	锦绣吉祥	盛得	秋拍	104	35.65
23	周京新	水浒人物	经典	秋拍	892	34.5
23	陈佩秋	兰石图	龙城	秋拍	56	34.5
25	范　扬	伏虎罗汉图	经典	秋拍	888	32.2
26	沈威峰	雨后春晖	凤凰	春拍	37	30.24
27	王明明	午晴	凤凰	秋拍	306	28.75
27	李宝林	西疆风骨图	经典	秋拍	263	28.75
27	朱道平	秋山清赏图	经典	秋拍	265	28.75
27	沉　鹏	书法	龙城	秋拍	202	28.75
31	喻继高	和平颂	经典	秋拍	869	27.6

【附录五】

2016年江苏文物艺术品拍卖市场本省在世书画家作品上拍件数排名（TOP20）

排名	姓名	上拍件数	成交件数	成交总额（元）	平均成交单价（元/平方尺）
1	张友宪	73	35	973,370	4,704
2	吴冠南	64	52	1,843,425	11,062
3	尉天池	62	46	1,152,330	3,548
4	宋玉麐	48	38	1,498,175	12,063
5	孙晓云	40	30	947,170	8,493
6	薛　亮	39	35	4,567,754	144,820
7	萧　平	38	18	628,373	3,815
8	喻继高	37	27	2,409,280	16,362
9	杨春华	33	19	449,160	4,886
10	喻　慧	30	28	745,920	10,708
11	周京新	28	18	2,629,420	22,766
12	江宏伟	27	22	3,061,400	139,580
13	常　进	24	16	507,380	7,613
13	叶　烂	24	18	293,665	1,188
15	刘二刚	23	13	337,431	6,825
16	言恭达	22	15	431,800	3,205
17	管　峻	21	13	480,490	6,568
18	徐培晨	19	16	287,560	2,396
19	徐利明	18	9	113,485	1,137
19	杨立奇	18	16	682,244	18,666

【附录六】

2016 年江苏文物艺术品拍卖市场本省书画家作品成交总额排名

（TOP20）

排名	姓名	成交价总额（万元）	上拍件数	成交件数	平均成交单价（万元／平方尺）
1	林散之	4,760.777	204	162	11.78
2	钱松嵒	4,663.769	90	81	24.74
3	宋文治	2,538.400	78	65	15.53
4	魏紫熙	2,257.165	83	62	10.4
5	傅抱石	1,881.800	9	8	105.72
6	陈大羽	1,686.010	147	114	3.541
7	傅小石	1,521.220	102	91	3.397
8	圆　霖	1,249.030	176	175	1.580
9	文征明	1,052.000	6	6	27.226
10	王　翚	1,048.455	6	5	40.481
11	高二适	991.655	12	9	28.172
12	董欣宾	594.910	100	88	1.557
13	李可染	527.130	7	7	3.177
14	亚　明	521.090	80	57	3.67
15	徐悲鸿	499.305	12	11	21.015
16	郑板桥	465.345	7	6	11.026
17	薛　亮	456.775	39	35	14.482
18	吕凤子	370.925	27	24	7.782
19	刘海粟	337.514	33	24	3.791
20	江宏伟	306.140	27	22	13.958

【附录七】

2016 年江苏文物艺术品拍卖市场
本省书画家作品成交单价排名
（TOP15）

排名	姓名	平均成交单价（元 / 平方尺）	上拍件数	成交件数	成交价总额（万元）
1	傅抱石	105.72	9	8	1,881.800
2	王　翚	40.481	6	5	1,048.455
3	高二适	28.172	12	9	991.655
4	文征明	27.226	6	6	1,052.000
5	钱松喦	24.74	90	81	4,663.769
6	徐悲鸿	21.015	12	11	499.310
7	宋文治	15.53	78	65	2,538.4
8	薛　亮	14.482	39	35	456.775
9	江宏伟	13.958	27	22	306.140
10	林散之	11.78	204	162	4,760.777
11	吴湖帆	11.227	20	7	124.775
12	郑板桥	11.026	7	6	465.345
13	魏紫熙	10.4	83	62	2,257.165
14	仇　英	9.871	4	3	195.615
15	吕凤子	7.782	27	24	370.925

【附录八】

2016年江苏文物艺术品拍卖市场瓷器成交价排名

（TOP10）

排名	作品	拍卖机构	拍卖会	图录号	成交价（万元）
1	御窑青花并蒂莲纹折沿盘	十竹斋	春拍	1370	1,207.5
2	斗彩灵仙祝寿盘（一对）	十竹斋	春拍	1381	690
3	青花缠枝莲纹赏瓶	十竹斋	春拍	1393	149.5
4	青花瓶“福寿”纹双耳扁瓶	十竹斋	春拍	1401	112.7
4	仿珐琅彩仕女琮式瓶（一对）	十竹斋	春拍	1423	112.7
6	黄地粉彩寿桃花卉纹画缸	爱涛	秋拍	273	69
6	鳝鱼黄釉如意耳葫芦瓶	十竹斋	春拍	1397	69
8	青花赶珠云龙纹大花觚	十竹斋	春拍	1402	63.25
9	青花四方葫芦瓶	爱涛	秋拍	629	55.2
10	瓷板一套四片	爱涛	秋拍	615	52.9

【附录九】

2016年江苏文物艺术品拍卖市场玉器成交价排名

（TOP10）

排名	作品	拍卖机构	拍卖会	图录号	成交价（万元）
1	和田籽玉原石	正大	秋拍	173	1,118.7
2	兰香牌	十竹斋	春拍	1180	322
3	和田籽玉原石	正大	秋拍	172	237.3
4	翡翠七子香炉	爱涛	秋拍	714	115
5	和田籽玉原石	正大	秋拍	169	101.7
6	和田玉籽料50颗	正大	秋拍	167	90.4
7	和田籽玉原石	正大	秋拍	171	81.36
8	和田玉籽料78颗	正大	秋拍	168	74.58
9	白玉双兽耳活环瓶	十竹斋	春拍	1465	69
10	白玉耄耋摆件	爱涛	春拍	682	57.5
10	白玉佛手摆件	爱涛	秋拍	706	57.5

【附录十】

2016 年江苏文物艺术品拍卖市场古典家具成交价排名

（TOP10）

排名	作品	拍卖机构	拍卖会	图录号	成交价（万元）
1	紫檀照壁	正大	春拍	50	16,950
2	黄花梨朝服柜	正大	春拍	25	2,260
3	紫檀黄鹤楼	正大	春拍	24	254.25
4	紫檀满雕云龙纹宝座	正大	春拍	23	237.3
5	黄花梨圆角柜（一对）	正大	春拍	21	226
6	黄花梨如意云纹官帽椅（一对）	正大	春拍	26	146.9
7	黄花梨大八仙桌	正大	春拍	46	135.6
7	紫檀龙纹三弯腿大画桌	正大	春拍	48	135.6
9	紫檀高罗锅枨大画桌	正大	春拍	17	96.05
10	黄花梨万字纹罗汉床	正大	春拍	49	90.4

【附录十一】

2016年南京地区重要艺术展览

1. 展览名称：五彩广西——广西壮族历史文化展

展览时间：2015年10月11日—2016年1月10日

展览地点：南京博物院

主办单位：南京博物院

2. 展览名称：南腔北调——传统戏曲艺术展

展览时间：2015年10月30日—2016年2月8日

展览地点：南京博物院

主办单位：南京博物院

3. 展览名称：乔治王时代：1714—1830年的英国社会

展览时间：2015年10月30日—2016年5月5日

展览地点：南京博物院

主办单位：南京博物院

4. 展览名称：诗情画意——傅抱石古人诗意画专题展

展览时间：2015年12月1日—2016年2月1日

展览地点：南京博物院

参展艺术家：傅抱石

主办单位：南京博物院

5. 展览名称："清代帖学"书法特展

展览时间：2015年12月1日—2016年2月28日

展览地点：南京博物院

参展艺术家：沈荃　笪重光　姜宸英　汪士鋐　何焯　张照　刘墉
王文治　梁同书　翁方纲　永瑆

主办单位：南京博物院

6. 展览名称：秣陵烟月——明末清初金陵绘画特展

展览时间：2015 年 12 月 1 日—2016 年 2 月 28 日

展览地点：南京博物院

参展艺术家：董其昌　吴彬　魏之璜　魏之克　高岑　吴宏　胡慥
邹喆　杨文骢　程正揆　髡残　龚贤　石涛　张风　樊云

主办单位：南京博物院

7. 展览名称：胜利——1945—2015 纪念世界反法西斯战争胜利 70 周年俄罗斯美术作品展（江苏站）

展览时间：2015 年 12 月 23 日—2016 年 1 月 23 日

展览地点：江苏省美术馆

主办单位：中国美术馆　湖北省博物馆　江苏省美术馆

8. 展览名称：感悟生活 2015——江苏省美术馆艺术家作品展

展览时间：2015 年 12 月 23 日—2016 年 1 月 23 日

展览地点：江苏省美术馆

9. 展览名称：寒枝惊雀——尹朝阳个展

展览时间：2015 年 12 月 24 日—2016 年 1 月 10 日

展览地点：南京艺术学院美术馆

参展艺术家：尹朝阳

策展人：郑闻

主办单位：南京艺术学院

10. 展览名称：和合——中国传统文化和人文精神系列展

展览时间：2015 年 12 月 25 日—2016 年 4 月 20 日

展览地点：南京博物院

主办单位：南京博物院

11. 展览名称：求剑于舟——2015 六尘荟·青年水墨邀请展

展览时间：2015 年 12 月 26 日—2016 年 1 月 4 日

展览地点：六尘艺术馆

参展艺术家：束新水　刘春　谭雷鸣　温恒杰　成军　方向乐
卢山　段革新　付万全　钱传兵　邓家安　张平静
林奕溥　梁雨　安一辉　刘红　魏全儒　路路　杜斌
李天池　文爽　孔庆忠　王顾宇　贾明哲　汤雪村
康一鸣　高翔

策展人：胡电亮

主办单位：六尘艺术馆　大美术杂志社

12. 展览名称：小荷竞放——江苏省第三届青少年优秀艺术作品展

展览时间：2015 年 12 月 26 日—2016 年 1 月 23 日

展览地点：江苏省美术馆

13. 展览名称：心路游踪——顾宪山水画展

展览时间：2015 年 12 月 29 日—2016 年 1 月 4 日

展览地点：同曦艺术馆

参展艺术家：顾宪

主办单位：江苏省中国画学会　同曦集团

承办单位：江苏省中国画学会　同曦展览中心　同曦艺术馆

协办单位：北京视界聚焦文化传媒有限公司

14. 展览名称：水上家园——栾剑美术作品展

展览时间：2015 年 12 月 31 日—2016 年 1 月 4 日

展览地点：江苏省国画院美术馆

参展艺术家：栾剑

主办单位：江苏省国画院　淮安市委宣传部　中国工笔画学会

江苏省美术家协会

承办单位：江苏省国画院美术馆　淮安市文化广电新闻出版局

淮安市文学艺术界联合会　淮安市美术馆（书画院）

协办单位：淮安市美术家协会　淮安市工笔画学会

15. 展览名称：“金陵好梦”南京书画院三所联展

展览时间：2016 年 1 月 1 日—2 月 28 日

展览地点：金陵美术馆

主办单位：南京书画院（金陵美术馆）

16. 展览名称：画容月貌——南京博物院藏木刻年画展

展览时间：2016 年 1 月 1 日—3 月 1 日

展览地点：南京博物院

主办单位：南京博物院

17. 展览名称：一元复始·万象更新——实力派青年书画家作品新年展

展览时间：2016 年 1 月 1—7 日

展览地点：国艺美术馆

参展艺术家：邰劲　盛文锦　王玉海　熊岱平　郭传良　钱鹏

魏晋　张星星　陈泓凌　刘峰　李创　邵明柱

主办单位：南京国美文化传播有限公司　南京秦淮河建设开发有限公司

承办单位：国艺堂

协办单位：苍润斋　林泽轩

18. 展览名称：炖菜——蠢疯、三风绘画作品巡展·南京站（第九回）
展览时间：2016 年 1 月 9—13 日
展览地点：六尘艺术馆
参展艺术家：蠢疯　张三风
策展人：陈钟
主办单位：六尘艺术馆　开封市美术家协会

19. 展览名称：花羽见心——尤捷工笔花鸟画展
展览时间：2016 年 1 月 9—15 日
展览地点：南京宣和美术馆
参展艺术家：尤捷
主办单位：江苏省国画院　江苏省美术家协会　南京宣和美术馆

20. 展览名称：玄远之境——樊波教授中国画近作观摩展
展览时间：2016 年 1 月 10—20 日
展览地点：南京清凉画馆
参展艺术家：樊波
主办单位：南京清凉画馆

21. 展览名称：苏风艺韵 江海艺境——南通市美术书法作品展
展览时间：2016 年 1 月 12—16 日
展览地点：江苏省现代美术馆
主办单位：江苏省文联　中共南通市委宣传部
承办单位：南通市文联　省文联组联部　省现代美术馆　省文化交流中心

22. 展览名称：茧·异——赵怡文、单鼎凯、林聪文水墨画展

展览时间：2016 年 1 月 19 日—2 月 19 日

展览地点：养墨堂美术馆

参展艺术家：赵怡文　单鼎凯　林聪文

主办单位：江苏养墨堂艺术有限公司

23. 展览名称：苏风艺韵——徐州美术的历史与今天暨“彭城画派”作品展

展览时间：2016 年 1 月 20—24 日

展览地点：江苏省现代美术馆

主办单位：江苏省文学艺术界联合会　中共徐州市委宣传部

承办单位：江苏省文联组联部　江苏省现代美术馆

徐州市文学艺术界联合会

24. 展览名称：张小盒跨界艺术展

展览时间：2016 年 1 月 20 日—2 月 29 日

展览地点：南京金奥国际购物中心

25. 展览名称：时维精鉴——当代工笔学术展·南京站

展览时间：2016 年 1 月 23 日—2 月 17 日

展览地点：新城市当代艺术中心

参展艺术家：朱建忠　朱剑　程楠

策展人：徐轩露

主办单位：南通广源美术馆　南京新辰文化艺术有限公司

南通书法国画研究院

26. 展览名称：出入君怀袖——扇主题迎春展

展览时间：2016 年 1 月 23 日—2 月 1 日

展览地点：同曦艺术馆

参展艺术家：敖登高娃　翱紫　陈璐　方向乐　郭砚　贺秀　靳骐沣

季旭东　李翔峰　鲁加鹏　马磊　皮理文　渠燕红　王晓珞

许经文　杨海涛　杨社伟　赵辰飞　赵海燕

策展人：陆智　赵丹琳

主办单位：同曦集团

承办单位：同曦艺术馆

27. 展览名称：蝴蝶飞过沧海——艺术作品展

展览时间：2016 年 1 月 23 日—3 月 10 日

展览地点：南京金奥国际购物中心

28. 展览名称：众行致远—— 管峻、李啸、王卫军书画展

展览时间：2016 年 1 月 24 日—2 月 2 日

展览地点：南京宣和美术馆

参展艺术家：管峻　李啸　王卫军

主办单位：中国艺术研究院中国书法院　江苏省书法家协会

江苏省书法院

承办单位：江苏宣和国艺·宣和美术馆

29. 展览名称：如意猴——南京博物院藏猴文物展

展览时间：2016 年 1 月 25 日—4 月 25 日

展览地点：南京博物院

主办单位：南京博物院

30. 展览名称：艺道文心——更斯艺术馆 2015 年度藏品展

展览时间：2016 年 1 月 27 日—2 月 26 日

展览地点：更斯艺术馆

主办单位：更斯艺术馆

31. 展览名称：墨舞金申——2016名家迎春楹联邀请展

展览时间：2016年1月30日—2月28日

展览地点：六尘艺术馆

参展艺术家：方骏　杨春华　庄天明　叶烂　方书华　于友善　周京新
刘灿铭　李裕康　卞晓艺　金丹　金竺雨　王岚　穆青
邰劲　束新水　陈明　刘春　刘懿　王卫军　刘元堂
秦修平　周睿　何勇　徐燕　赵彦国　张筱膺　方向乐
韩非　魏晋　李天池　贾明哲

策展人：胡电亮

主办单位：六尘艺术馆　大美术杂志社　艺十文投　盛得文化

32. 展览名称：丹青有约——2016学院青年同曦邀请展

展览时间：2016年1月31日—2月28日

展览地点：同曦艺术馆

策展人：孟瑶　赵伯达

33. 展览名称："春和景明"迎春大展

展览时间：2016年2月1—28日

展览地点：江苏省现代美术馆

主办单位：江苏省文学艺术界联合会

承办单位：江苏省美术家协会　江苏省书法家协会
江苏省民间文艺家协会　江苏省摄影家协会　江苏省现代美术馆

34. 展览名称：盛世春光——2016江苏省国画院新春献礼·贺岁大展

展览时间：2016年2月2日—3月6日

展览地点：江苏省美术馆

主办单位：江苏省文化厅

承办单位：江苏省国画院　江苏省美术馆

35. 展览名称：第五届全国画院美术作品展览

展览时间：2016 年 2 月 26 日—3 月 21 日

展览地点：江苏省美术馆

主办单位：中国国家画院　江苏省文化厅

承办单位：江苏省国画院　江苏省美术馆　中国国家画院艺术交流部

36. 展览名称：丝路国际

展览时间：2016 年 3 月 4—31 日

展览地点：南京艺术学院美术馆

策展人：王亚敏

主办单位：南京艺术学院

37. 展览名称：苏韵玉律——苏作玉雕走进南京

展览时间：2016 年 3 月 5—11 日

展览地点：江苏工美馆

参展艺术家：瞿利军　俞挺　葛洪　马洪伟　陈冠军　叶清

主办单位：江苏省工艺美术行业协会　江苏省广电集团东方文化周刊

承办单位：江苏工美馆　苏州瞿利军中鼎玉雕工作室　钰轩玉艺工作室
苏州葛洪纤纤玉雕工作室　苏州陈冠军玉雕工作室
苏州玉韵春秋玉雕工作室　苏玉坊

38. 展览名称：钰观心象——新视觉艺术作品展

展览时间：2016 年 3 月 6 日—4 月 1 日

展览地点：同曦艺术馆

参展艺术家：郑钰

策展人：高毅　陆智

主办单位：同曦集团

承办单位：同曦艺术馆

协办单位：南京市青年美术家协会　意大利文化发展协会

39. 展览名称：绿野心韵——吴耀华中国画作品展

展览时间：2016 年 3 月 9—14 日

展览地点：江苏省国画院美术馆

参展艺术家：吴耀华

主办单位：江苏省美术家协会　江苏省国画院　南通大学

承办单位：江苏省国画院美术馆　南通大学艺术学院

协办单位：南通市美术家协会　南通书法国画研究院　南通市政协书画会
民盟南通江东书画会　南通大学艺术学院美术馆

40. 展览名称：紫禁神韵——周蕴华、周冰皇城风貌刻纸艺术展

展览时间：2016 年 3 月 9—16 日

展览地点：江苏省现代美术馆

参展艺术家：周蕴华　周冰

主办单位：江苏省文学艺术界联合会　常州市对外文化交流协会

承办单位：江苏省美术家协会　江苏省民间文艺家协会
江苏省现代美术馆　常州青云阁艺术有限公司

41. 展览名称：江苏省美术馆 2015 年度收藏作品展

展览时间：2016 年 3 月 10 日起

展览地点：江苏省美术馆

主办单位：江苏省美术馆

42. 展览名称：江苏省美术馆馆藏李剑晨先生捐赠水彩画作品展

展览时间：2016 年 3 月 10 日起

展览地点：江苏省美术馆

参展艺术家：李剑晨

主办单位：江苏省美术馆

43. 展览名称："江苏美术奖" 画展

展览时间：2016 年 3 月 18—26 日

展览地点：江苏省现代美术馆

主办单位：江苏省文学艺术界联合会

承办单位：江苏省美术家协会

44. 展览名称：自颜自语：画开三月

展览时间：2016 年 3 月 19—31 日

展览地点：金陵美术馆

参展艺术家：陈贝西　丁明　顾真真　韩荷　黄河　黄朋　黄岑　金晶　乐晓菊　柳正梅　陆逸　饶薇　王岚　王君　阎盈汐　姚红　姚媛　周尤

主办单位：南京市文广新局　金陵美术馆　十竹斋画院

45. 展览名称：不具体区域——AMNUA 艺术城市第六期

展览时间：2016 年 3 月 19 日—4 月 19 日

展览地点：南京艺术学院美术馆

参展艺术家：王烁　应晶晶　朱楠楠

主办单位：南京艺术学院

46. 展览名称：体像——四人水墨作品巡回展・南京首展

展览时间：2016 年 3 月 25 日—4 月 5 日

展览地点：江苏省国画院美术馆

参展艺术家：刘西洁　姜永安　杜小同　秦修平

主办单位：江苏省国画院　江苏省美术家协会

承办单位：江苏省国画院美术馆

47. 展览名称：桑园——庄弘醒绘画作品展

展览时间：2016 年 3 月 25—31 日

展览地点：南京艺术学院美术馆

参展艺术家：庄弘醒

主办单位：南京艺术学院

48. 展览名称：烟水微茫——汤达水墨艺术品鉴展

展览时间：2016 年 3 月 26 日—4 月 4 日

展览地点：更斯艺术馆

策展人：王昊

主办单位：更斯艺术馆

49. 展览名称：花开六尘·情感与温度——2016 女性艺术家邀请展

展览时间：2016 年 3 月 26 日—4 月 5 日

展览地点：六尘艺术馆

参展艺术家：姚红　张筱膺　杨臻臻　黄欢　李想　宋扬　林茵　胡畔
龚丽娜　是晓雨　李莉　王顾宇　王梦晗　陆林　卢韵至
黄帆　陈思孝　吴嘉欣

策展人：胡电亮

50. 展览名称：AMNUA 影像档案第十二回：一天计划——30 位艺术家的 3600 秒

展览时间：2016 年 3 月 27 日—4 月 12 日

展览地点：南京艺术学院美术馆

参展艺术家：刘瑾　李飒　史金淞　金京华　黄柏杨　邵译农　李迪　沈娜　李昌龙　邱飞　胡庆雁　关音夫　郭工　卡生　肖丰　马珂　Mitte　马树青　贾靖　九口走召　卢征远　王家增　于继东　李曉飛　夏季风　梁克刚　朱朱　乙蒙　李津　艾海

策展人：艾海

主办单位：南京艺术学院

51. 展览名称：一江吴楚——江苏、湖北中国画学会学术交流展

展览时间：2016年3月27日—4月6日

展览地点：同曦艺术馆

主办单位：中国画学会

承办单位：江苏省中国画学会　湖北省中国画学会　同曦艺术馆

协办单位：北京视界聚焦文化传媒有限公司

52. 展览名称：魏晋风度——胡小石书魏晋南北朝诗文名作及碑刻专题展

展览时间：2016年4月5日—7月5日

展览地点：南京博物院

参展艺术家：胡小石

主办单位：南京博物院

53. 展览名称：金石新趣——清代碑学书法专题展

展览时间：2016年4月5日—7月5日

展览地点：南京博物院

主办单位：南京博物院

54. 展览名称：深圳国际水彩双年展·南京站

展览时间：2016 年 4 月 6 日—5 月 6 日

展览地点：金陵美术馆

主办单位：深圳市对外文化交流协会　深圳市文体旅游局
　　　　　深圳市文学艺术界联合会　深圳市罗湖区人民政府

承办单位：深圳市罗湖区委宣传部（文化体育局）深圳美术馆
　　　　　南京书画院（金陵美术馆）

协办单位：深圳市罗湖区文化馆　深圳市罗湖美术馆

55. 展览名称：中国现代漆画文献展暨 2016 江苏漆画提名展

展览时间：2016 年 4 月 8—17 日

展览地点：江苏省现代美术馆

参展艺术家：冯健亲　吴迎发　王加仁　苏凌　吴可人　李小康　李树
　　　　　　金桂清　李永清　张承志　葛辉　高震　朱登民　朱华
　　　　　　崔进　谢震　葛永锋　李玫　许朝晖　孙建明　陆晓云
　　　　　　高志强　周勇　汪瑾　邓莉丽　龚声明　杨华　吕晓雯
　　　　　　王玮　吴映月　陆勇　吕冰　李鹏　吴静　范潇　吴婧
　　　　　　娄可可　张晶　周军南　王刚　蒋巧稚　姜海明　夏伊乔
　　　　　　罗畯晟　姚雅梦　张震　王海彪

主办单位：江苏省文学艺术界联合会

承办单位：江苏省美术家协会　中国美术家协会漆画艺术委员会
　　　　　江苏省现代美术馆

56. 展览名称：抵抗与坚持——肖恩·斯库利个展·南京站

展览时间：2016 年 4 月 8 日—5 月 8 日

展览地点：南京艺术学院美术馆

参展艺术家：肖恩·斯库利

策展人：郑闻　菲利普·多德

主办单位：南京艺术学院

57. 展览名称：解读王蒙——徐文藻山水画展

展览时间：2016 年 4 月 12—20 日

展览地点：同曦艺术馆

参展艺术家：徐文藻

主办单位：江苏省文联　江苏省美协　江苏省国画院　泰州市委宣传部
　　　　　泰州市文化广电新闻出版局　泰州市文联　同曦集团

承办单位：同曦艺术馆

协办单位：泰州市美协　泰州天德湖宾馆
　　　　　北京视界聚焦文化传媒有限公司

58. 展览名称：致虚守静——于桂林书画作品展

展览时间：2016 年 4 月 12—17 日

展览地点：江苏省美术馆

参展艺术家：于桂林

主办单位：江苏省美术馆

59. 展览名称：山河新貌——傅抱石写生山水专题展

展览时间：2016 年 4 月 15 日—7 月 5 日

展览地点：南京博物院

参展艺术家：傅抱石

主办单位：南京博物院

60. 展览名称：乐土——李夏荣、孙向群陶印艺术展

展览时间：2016 年 4 月 16—26 日

展览地点：九华美术馆

参展艺术家：李夏荣　孙向群

承办单位：南京苍润斋

61. 展览名称：六尘·随意——当代水墨画邀请展

展览时间：2016 年 4 月 16—26 日

展览地点：六尘艺术馆

参展艺术家：罗积　陈明　丁亚雷　石荣强　窦良羽　高友飞
萧文亮　毛春海　魏全儒

策展人：胡电亮

62. 展览名称：你不是你笔下的人物，但你笔下的人物是你——马力蛟个展

展览时间：2016 年 4 月 16—26 日

展览地点：南京艺术学院美术馆

参展艺术家：马力蛟

策展人：陈瑞

主办单位：南京艺术学院

63. 展览名称：金陵问道——孙伯翔书画展

展览时间：2016 年 4 月 17—25 日

展览地点：江苏省美术馆

参展艺术家：孙伯翔

主办单位：中国书法家协会　江苏省文学艺术界联合会
天津市文学艺术界联合会

承办单位：江苏省书法家协会　天津市书法家协会　江苏省美术馆

64. 展览名称：劳动者之歌——馆藏版画精品展

展览时间：2016 年 4 月 19 日—5 月 19 日

展览地点：江苏省美术馆

主办单位：江苏省美术馆

65. 展览名称：肆人·行——陈少立、邢健健、魏鲁安、莫雄绘画作品展

展览时间：2016 年 4 月 23 日—5 月 3 日

展览地点：国艺美术馆

参展艺术家：陈少立　邢健健　魏鲁安　莫雄

主办单位：江苏省美术家协会　南京艺术学院
　　南京国美文化传播有限公司　南京秦淮河建设开发有限公司

协办单位：新华全媒体艺术馆　鼓楼区文化创意产业发展服务办公室

66. 展览名称：佛光菜根谭——星云一笔字书法特展

展览时间：2016 年 4 月 26 日—6 月 25 日

展览地点：南京博物院

主办单位：省政府新闻办　省台办　省文化厅　南京市政府新闻办
　　星云文化教育公益基金会　佛光山文教基金会

承办单位：南京博物院　佛光缘美术馆总部

协办单位：南京市台办　南京市文广新局　南京市宗教局

67. 展览名称：问海——华光礁 I 号沉船特展

展览时间：2016 年 4 月 26 日—6 月 29 日

展览地点：南京博物院

主办单位：南京博物院

68. 展览名称：催化——三校联展

展览时间：2016 年 4 月 27 日—5 月 20 日

展览地点：南京师范大学美术学院美术馆

主办单位：南京师范大学美术学院美术馆

69. 展览名称：境辟神开意纵横——沈国庆山水画展

展览时间：2016 年 4 月 28 日—5 月 10 日

展览地点：同曦艺术馆

参展艺术家：沈国庆

策展人：赵丹琳

主办单位：同曦集团　江苏省美术家协会

承办单位：同曦艺术馆　北京视界聚焦文化传媒有限公司

70. 展览名称：观雅承韵——中国画六人展

展览时间：2016 年 4 月 28 日—5 月 7 日

展览地点：同曦艺术馆

参展艺术家：徐威　班文生　董明　田笑　闫志伟　张云飞

策展人：高毅、胡钺

主办单位：同曦集团　北京视界聚焦文化传媒有限公司

承办单位：同曦艺术馆　中国国家画院同曦创作交流中心

协办单位：南京心画斋文化艺术交流中心　南京莱斯文化

71. 展览名称：丝路漫游　大漠放歌——黄名芊大漠山水画展

展览时间：2016 年 4 月 28 日—5 月 3 日

展览地点：江苏省美术馆

参展艺术家：黄名芊

主办单位：江苏省美术馆

72. 展览名称：春如线——中国当代青年名家五人提名展

展览时间：2016 年 4 月 29 日—5 月 8 日

展览地点：六尘艺术馆

参展艺术家：何金安　李小光　陆霄虹　倪蓓蓓　吴静一

策展人：毛文睿

主办单位：南京艺术学院人文学院

73. 展览名称：美色清华——民国粉彩时装人物瓷绘（1912—1929）

展览时间：2016 年 4 月 29 日—7 月 31 日

展览地点：南京博物院

主办单位：南京博物院

74. 展览名称：和而不同·五四特展——2016 青年艺术家推介展

展览时间：2016 年 5 月 4—13 日

展览地点：国艺美术馆

参展艺术家：文爽　孔庆忠　季旭东　卢韵至　李颖琦　刘泽群　王玥琳
郭召方　陈彦宏　鲁加鹏

策展人：王昊超

主办单位：南京国美文化传播有限公司　云上青年

承办单位：国艺美术馆

协办单位：日本画绘具“吉祥”株式会社
南京市鼓楼区文化创意产业发展服务办公室
南京秦淮河建设开发有限公司

75. 展览名称：且展且布——反省展览的展

展览时间：2016 年 5 月 5 日—8 月 5 日

展览地点：金陵美术馆

参展艺术家：蔡志伟　曹琼德　丛伟　戴晨亮　戴丹　贺昆　金晶　李强

刘春杰　刘红沛　路路　罗凡　罗氏兄弟　南方　沈敬东

速泰熙　谢中霞　杨佴旻　杨康乐　业晓凯　一了　赵震

策展人：刘春杰

主办单位：南京书画院（金陵美术馆）

76. 展览名称：清风明月——江苏省美术馆馆藏凌君武先生捐赠作品展

展览时间：2016 年 5 月 6 日—5 月 13 日

展览地点：江苏省美术馆

主办单位：江苏省美术馆

77. 展览名称：本色之美——刘晓丽油画作品展

展览时间：2016 年 5 月 8—18 日

展览地点：九华美术馆

参展艺术家：刘晓丽

主办单位：南京市青年美术家协会

承办单位：南京苍润斋

78. 展览名称：新启蒙——艺术与阅读跨界

展览时间：2016 年 5 月 14—16 日

展览地点：国艺美术馆

参展艺术家：封加樑　冯向成　金晶　王承东　王东春　王剑锋

王恺　夏福宁

策展人：马超

主办单位：南京国美文化传播有限公司

协办单位：品映社　知语轩青年发展中心　南京国声音像有限公司

79. 展览名称：写意中国——2016 中国国家画院美术作品展——南京站

展览时间：2016 年 5 月 15 日—6 月 10 日

展览地点：同曦艺术馆

主办单位：中国国家画院　江苏省文化厅　江苏省文联　南京市委宣传部

承办单位：中国国家画院艺术交流部　江宁区人民政府
同曦集团

协办单位：同曦艺术馆　北京视界聚焦文化传媒有限公司

80. 展览名称：紫金文韵——杨联伟、李亦文文人紫砂艺术展

展览时间：2016 年 5 月 18—23 日

展览地点：江苏工美馆

参展艺术家：杨联伟　李亦文

主办单位：南京艺术学院工业设计学院　江苏省工艺美术行业协会

承办单位：江苏工美馆　江苏省工业设计学会设计艺术家专业委员会
陶瓷设计专业委员会

81. 展览名称：绘事微言·独幅画——2016 青年插画艺术主题品鉴展

展览时间：2016 年 5 月 18—24 日

展览地点：六尘艺术馆

参展艺术家：魏永恒　李小光　唐彦　林聪文　袁亚欢　王小月

策展人：胡电亮

82. 展览名称：呼吸——中国传统文化的当代形塑展

展览时间：2016 年 5 月 18 日—7 月 17 日

展览地点：南京博物院

参展艺术家：李象群　曾成钢　霍波洋　吕品昌　刘艺杰　沈烈毅
许正龙　董书兵　李鹤　陈辉　谭勋　林岗　王鹏
郭工　戴耘　马文甲　郑路　王雷　史钟颖　王胜利

王潇笠　高士贺　黄镇　李伟　王瑞琳　杨穹　杨凯

左正夫

主办单位：南京博物院　中国工艺美术学会雕塑专业委员会

83. 展览名称：流光里——新水墨主题展

展览时间：2016 年 5 月 19—29 日

展览地点：百家湖艺术公馆

参展艺术家：曾健勇　刘琦　马骏　涂少辉　李关关　党震

潘汶汛　黄丹　范琛　李百鸣　丁国涛　张天幕　杨世奎

姚昊　朱小坤　岳小飞　李戈晔　李明　郝世明　杭春晖

李军　林于思　祝铮鸣　张见

策展人：朱小钧

主办单位：艺术南京　百家湖艺术公馆

84. 展览名称：大道朴心——魏镇七十山水画展

展览时间：2016 年 5 月 20—26 日

展览地点：江苏省美术馆

参展艺术家：魏镇

主办单位：江苏省美术馆

85. 展览名称：艺术南京——2016 国际艺术品博览会

展览时间：2016 年 5 月 21—29 日

展览地点：百家湖艺术公馆

参展艺术家：赵楷

主办单位：百家湖国际文化投资集团

承办单位：南京百家湖艺术发展有限公司　南京百家湖文化传媒有限公司

86. 展览名称：歧见——张富军个人作品展

展览时间：2016 年 5 月 21—30 日

展览地点：六尘艺术馆

参展艺术家：张富军

策展人：朱小钧

主办单位：郑州逸轩艺术品有限公司

承办单位：六尘艺术馆

协办单位：逸轩美术馆　涵玉山房美术馆

87. 展览名称：EN—零距离计划——当代水墨画展

展览时间：2016 年 5 月 21 日—6 月 20 日

展览地点：南京恩空间

参展艺术家：李娜　朱小坤　陈姗　赵怡文　杨新收　魏全儒

王云云　黄岑　李森

主办单位：南京恩空间

承办单位：南京十竹斋文化投资有限公司　新加坡云端尚艺国际有限公司

88. 展览名称：艺海追梦——金明华、钱仲章、朱琴葆、杨波中国画作品展

展览时间：2016 年 5 月 21—26 日

展览地点：江苏省美术馆

参展艺术家：金明华　钱仲章　朱琴葆　杨波

主办单位：江苏省美术馆

89. 展览名称：自然·行——李荣洲油画写生作品展

展览时间：2016 年 5 月 21—30 日

展览地点：国艺美术馆

参展艺术家：李荣洲

主办单位：南京艺术学院

承办单位：江苏省美术家协会　国艺美术馆

协办单位：南京国美文化传播有限公司　南京秦淮河建设开发有限公司

90. 展览名称：境与性会——季春红山水画品鉴展

展览时间：2016 年 5 月 22—31 日

展览地点：更斯艺术馆

参展艺术家：季春红

策展人：王昊

主办单位：更斯艺术馆

91. 展览名称：向人民汇报“深入生活、扎根人民”——当代十五位美术家作品展·南京站

展览时间：2016 年 5 月 27 日—6 月 7 日

展览地点：江苏省现代美术馆

参展艺术家：李焕民　詹建俊　刘文西　徐匡　刘大为　韩书力
吴宪生　赵奇　许江　骆根兴　陈坚　郑艺　于小冬
陈树东　柳青

主办单位：中国文学艺术界联合会　中国美术家协会
中国美术馆

承办单位：江苏省美术家协会　江苏省书画院　江苏省现代美术馆

92. 展览名称：2180——中国画邀请展第二回

展览时间：2016 年 5 月 28 日—6 月 22 日

展览地点：养墨堂美术馆

参展艺术家：刘派　李娜　李骏逸　杨士奎　陈子丰　单鼎凯　岳小飞
林聪文　郑元元　赵方方　赵怡文　梁雨　鹿野骋
黄岑　黄麒元　傅颖川　曾立国　谭斐

主办单位：南京市文学艺术界联合会　南京市建邺区人民政府
承办单位：南京市建邺区文学艺术界联合会　养墨堂美术馆

93. 展览名称：工行记——新生代工笔画家作品展第二回
展览时间：2016 年 5 月 28 日—6 月 13 日
展览地点：诸子艺术馆
参展艺术家：邓家安　高凯　杨瀞　张岳　王梦晗
主办单位：诸子艺术馆
协办单位：六尘艺术馆

94. 展览名称：广陵潮——顾大风主题书法展
展览时间：2016 年 5 月 28 日—6 月 8 日
展览地点：江苏省美术馆
参展艺术家：顾大风
主办单位：中共扬州市委　扬州市人民政府　江苏省文化厅
江苏省文联　江苏省文物局
承办单位：中共扬州市委宣传部　江苏省书法家协会
扬州市文广新局　扬州市文联　扬州市文物局

95. 展览名称："水墨中的人物"作品展
展览时间：2016 年 6 月 3 日—7 月 10 日
展览地点：南京师范大学美术学院美术馆
参展艺术家：（北京）王晓辉　刘进安　刘庆和　纪京宁　张江舟
杜大恺　武艺　南溪　袁武　曹宝泉　梁占岩（南京）
张正民　吴思骏　周京新　罗拥军　林逸鹏　赵绪成
姜永安　秦修平　高云　靳卫红　谭雷鸣　（重庆）
冯斌　（上海）孙源　何赛邦　宗锡涛　韩峰　蔡广斌
（杭州）吴山明　常青　（山东）杜小同　李忻峰

（广州）左正尧　黄一翰　（西安）刘西洁

策展人：薛墨　李路

主办单位：南京师范大学美术学院美术馆

96. 展览名称：让红色绽放——纪念中国共产党成立 95 周年馆藏历史题材绘画专题展

展览时间：2016 年 6 月 3 日—7 月 5 日

展览地点：江苏省美术馆

主办单位：江苏省美术馆

97. 展览名称：青春之歌——南京艺术学院国画系在读研究生作品展

展览时间：2016 年 6 月 4—12 日

展览地点：品成四季艺术空间

参展艺术家：孔庆忠　王道玉　龙珏　刘素祝　朱萌　沈佳佶　李梦龙　陈菊花　金梦圆　姚茜　郭召方

主办单位：新华社《收藏投资导刊》杂志社　江苏两汉文化发展有限公司　南京品成四季文化创意有限公司

协办单位：品成梦想咖啡馆　南京圣和府邸豪华精选酒店

98. 展览名称：色彩与心境的辩局——当代中国青绿山水画作品邀请展

展览时间：2016 年 6 月 4—15 日

展览地点：南京宣和美术馆

参展艺术家：董婷竹　李月林　刘旭　罗颖　庞飞　浦均　孙宽

策展人：刘梓封　卢卫卫

主办单位：江苏宣和艺术品发展有限公司

承办单位：南京宣和美术馆

99. 展览名称：以古求新——熊岱平、魏晋书画暨人文紫砂联展

展览时间：2016 年 6 月 8—15 日

展览地点：九华美术馆

参展艺术家：熊岱平　魏晋　张人文

承办单位：南京苍润斋　人文紫砂工作室

100. 展览名称：道法自然——傅二石八十艺术回顾展

展览时间：2016 年 6 月 12—21 日

展览地点：江苏省美术馆

参展艺术家：傅二石

承办单位：江苏省文化厅　江苏省国画院　江苏省美术馆
江苏省中华文化促进会

101. 展览名称：金陵风骨　其命惟新——江苏省国画院 60 年 · 中国画书法作品展

展览时间：2016 年 6 月 12 日—7 月 5 日

展览地点：江苏省美术馆

主办单位：江苏省文化厅

承办单位：江苏省国画院　江苏省美术馆

102. 展览名称：绘事微言 · 绘本——2016 青年插画艺术主题品鉴展

展览时间：2016 年 6 月 13—20 日

展览地点：六尘艺术馆

参展艺术家：姚红　林聪文　赵楠　贵图子　小良　周尢　杨罡
孟子茹　胡电亮

主办单位：江苏六尘文化发展有限责任公司

承办单位：六尘艺术馆

103. 展览名称：感悟生活——江苏省美术馆艺术家作品展

展览时间：2016 年 6 月 15—26 日

展览地点：苏州市吴江区青少年活动中心

主办单位：江苏省美术馆　苏州市吴江区文学艺术界联合会

104. 展览名称：岁月如歌——张学群、沉浮百扇书画作品展

展览时间：2016 年 6 月 17 日— 6 月 21 日

展览地点：江苏省美术馆

参展艺术家：沉浮　张学群

主办单位：江苏省书法家协会　江苏省美术家协会　江苏省美术馆

承办单位：江苏画店

105. 展览名称：工匠精神——“紫砂七老”60 年传承谱系年度大展

展览时间：2016 年 6 月 18—26 日

展览地点：江苏工美馆

参展艺术家：汪寅仙　徐秀棠　吕尧臣　徐汉棠　李昌鸿　周桂珍
顾绍培　鲍志强　曹亚麟　何道洪　曹婉芬　毛国强
吴鸣　季益顺

主办单位：江苏省文化厅

106. 展览名称：文余——金竺雨书法品鉴展

展览时间：2016 年 6 月 18—27 日

展览地点：更斯艺术馆

参展艺术家：金竺雨

策展人：王昊

主办单位：更斯艺术馆

107. 展览名称：植物园——吴静一个展

展览时间：2016 年 6 月 19—24 日

展览地点：诸子艺术馆

参展艺术家：吴静一

主办单位：诸子艺术馆

108. 展览名称：可见之诗——第二届中国油画风景展·南京巡展

展览时间：2016 年 6 月 24 日—7 月 5 日

展览地点：江苏省美术馆

主办单位：中国油画协会　江苏省美术馆　江苏省美术家协会

山东神文学艺术界联合会　潍坊市人民政府

承办单位：中共潍坊市委宣传部　潍坊十笏园文化运营管理有限公司

109. 展览名称：鬼魅·水墨——摄影展

展览时间：2016 年 6 月 25 日—7 月 1 日

展览地点：诸子艺术馆

参展艺术家：徐牧星　高子楠

主办单位：诸子艺术馆

110. 展览名称：文脉·心跡（第二回）——当代中国画精品雅集

展览时间：2016 年 6 月 25 日—7 月 3 日

展览地点：国艺美术馆

主办单位：江苏省中国画学会

协办单位：南京国美文化传播有限公司　南京秦淮河建设开发有限公司

111. 展览名称：书亦香我——经圣婷书法个展

展览时间：2016 年 6 月 26 日—7 月 1 日

展览地点：九华美术馆

参展艺术家：经圣婷

主办单位：南京市青年书法家协会

承办单位：南京苍润斋

协办单位：江苏省美术馆　扬州博物馆

112. 展览名称：匠心独运——2016 中国工笔画名家邀请展

展览时间：2016 年 6 年 27 日—7 月 27 日

展览地点：同曦艺术馆

参展艺术家：喻继高　王天胜　冯大中　崔志安　苏百钧　高云　王平
何家英　江宏伟　陈孟昕　桑建国　王野翔　朱小元　饶薇
祁恩进　刘临　喻慧　张艺　牛克诚　徐惠泉　晏明　徐累
安佳　庄道静　郭子良　李大成　王法　方政和　李传真
李晶彬　李金国　张迎春　张见　高茜　罗寒蕾　秦艾
徐华翎　管春雷　王冠军　苏锐　沈宁　杭春晖
孙震生　胡健　杨臻臻　詹勇　韩非　樊蕾　康凯
司子鸣　张能锐　钱传兵　陈贝西　宋扬　程楠
顾真真　韩荷　杨宇　张民生　高重飞　沈垚　李丹　王君

主办单位：现代工笔画院（北京）　同曦集团

承办单位：同曦艺术馆　现代工笔画院江苏创作基地

协办单位：北京视界聚焦文化传媒有限公司
中国国家画院同曦创作交流中心

113. 展览名称：风展红旗——革命浪漫主义书画展

展览时间：2016 年 6 月 29 日—9 月 30 日

展览地点：南京博物院

主办单位：南京博物院　江苏省国画院　江苏省美术馆

114. 展览名称："光辉的历程"摄影书法作品展

展览时间：2016 年 7 月 1—5 日

展览地点：江苏省现代美术馆

主办单位：江苏省文学艺术界联合会　南京艺术学院

承办单位：江苏省摄影家协会　江苏省书法家协会

江苏省现代美术馆　江苏省书法创作研究中心

115. 展览名称：尺中天地——南京市青年美协册页群展

展览时间：2016 年 7 月 2—12 日

展览地点：九华美术馆

参展艺术家：邵晓峰　任大庆　吕少卿　尚荣　范文道　施建中　程万里

熊岱平　蒋鹏　徐锴　方淩波　严璐　赵澄　盛文锦

李甲明　张镇冰　孙会

策展人：熊继平　徐锴

主办单位：南京团市委

承办单位：南京市青年美术家协会　苍润斋

116. 展览名称：画盐——小幅瓷画巡展·南京站

展览时间：2016 年 7 月 5 日 —7 月 15 日

展览地点：金陵美术馆

参展艺术家：汤立　边平山　濮列平　刘红沛　李文亮　陈湘波　老树

许宏泉　明瓒　张子康　程风子　刘春杰　张建华　杨葵

邓英　汪为新　孙洪　王晓明　罗凡　一了　李逸之

徐光聚　李水歌　李云雷　张炜　赵丽娜　李卡　丛伟

王锡良　李林洪　柯和根　罗皓　吴以徐　王豫明

涂志浩　张国君　邓和平　范敏祺　朱迪　柯育天

石佳宜　安锐勇　齐冬根　尹志军　朱斐翡

许焕然（润辉）　刘大志　周先锋　安德宇　沈敏

邵长宗　赵永丽　麻汇源　王晓林　周昌贵

策展人：张凡　陈小雨　施思

主办单位：金陵美术馆己未文化发展有限公司

承办单位：三境堂生活美学设计工作室

117. 展览名称：苏风艺韵——纪念吕凤子诞辰130周年全国书画名家邀请展

展览时间：2016年7月7—12日

展览地点：江苏省现代美术馆

主办单位：江苏省文学艺术界联合会　中共丹阳市委

承办单位：中共丹阳市委宣传部　江苏省美术家协会

江苏省书法家协会　江苏省现代美术馆　丹阳市文联

协办单位：丹阳市美术家协会　吕凤子画院

丹阳市吕凤子学术研究会　丹阳市民间文艺家协会

118. 展览名称：养墨雅集——手卷篇

展览时间：2016年7月7日—8月8日

展览地点：养墨堂美术馆

参展艺术家：方骏　朱道平　吴冠南　常进　范扬　老圃　周京新

赵跃鹏　林海钟　孙洪　秦修平　徐钢　韩非　林聪文

主办单位：江苏养墨堂艺术有限公司

119. 展览名称：大美民间壶孕乾坤——宜兴紫砂艺术青年才俊作品展

展览时间：2016年7月8—17日

展览地点：江苏省现代美术馆

主办单位：江苏省文学艺术联合会　中共宜兴市委宣传部

承办单位：江苏省民间文艺家协会　江苏省现代美术馆
宜兴市文学艺术联合会　宜兴市科学技术协会

120. 展览名称："我爱你·融合教育"公益画展
展览时间：2016年7月10—14日
展览地点：江苏省美术馆
主办单位：共青团江苏省委员会　江苏省青少年发展基金会
江苏凤凰美术出版社

121. 展览名称：金猴献瑞——徐培晨猴年国博百猴迎春南京汇报展
展览时间：2016年7月14—18日
展览地点：江苏省现代美术馆
参展艺术家：徐培晨
主办单位：中国美术家协会　中国画学会　中共江苏省委宣传部
江苏省文学艺术界联合会　南京师范大学
承办单位：江苏省中国画学会　江苏省美术家协会　江苏省现代美术馆
江苏省花鸟画研究会
协办单位：徐州市徐培晨艺术馆　连云港市徐培晨艺术馆
马鞍山市徐培晨艺术馆　溧阳市徐培晨艺术馆

122. 展览名称：南京大学美育之路师生展
展览时间：2016年7月16—21日
展览地点：江苏省美术馆
主办单位：南京大学　江苏省文学艺术界联合会
承办单位：江苏省美术馆　南京大学美术研究院
南京大学雕塑艺术研究所
协办单位：江苏省美术家协会　江苏省书法家协会　江苏省雕塑家协会

123. 展览名称：吐纳——冯且个人作品展

展览时间：2016 年 7 月 16—30 日

展览地点：南京问象艺术空间

参展艺术家：冯且

124. 展览名称：针融百家 艺开新境——姚建萍 2016 刺绣艺术展

展览时间：2016 年 7 月 21—27 日

展览地点：江苏省现代美术馆

参展艺术家：姚建萍

主办单位：中国文学艺术界联合会　中共江苏省委宣传部

中国工艺美术协会　中国民间文艺家协会

中国非物质文化遗产保护协会　江苏省文学艺术界联合会

承办单位：江苏省民间文艺家协会　江苏省现代美术馆

江苏省工艺美术学会　苏州市文学艺术界联合会

125. 展览名称：六月荷风——明清以来荷花专题展

展览时间：2016 年 7 月 21 日—10 月 20 日

展览地点：南京博物院

主办单位：南京博物院

126. 展览名称：墨池鸳鸯——清代对联专题展

展览时间：2016 年 7 月 21 日—10 月 20 日

展览地点：南京博物院

主办单位：南京博物院

127. 展览名称：异域行旅——傅抱石东欧写生专题展

展览时间：2016 年 7 月 21 日—10 月 20 日

展览地点：南京博物院

主办单位：南京博物院

128. 展览名称：沙公临池——胡小石临摹历代书法名迹专题展
展览时间：2016 年 7 月 21 日—10 月 20 日
展览地点：南京博物院
主办单位：南京博物院

129. 展览名称：方若琪先生捐赠书画作品展
展览时间：2016 年 7 月 22 日—8 月 5 日
展览地点：南京博物院
主办单位：南京博物院

130. 展览名称：何塞·万徒勒里艺术展
展览时间：2016 年 7 月 27 日—8 月 16 日
展览地点：江苏省美术馆
参展艺术家：何塞·万徒勒里（智利）

131. 展览名称：云水自在——吕少卿、魏晋佛教书画联展
展览时间：2016 年 7 月 31 日—8 月 11 日
展览地点：九华美术馆
参展艺术家：吕少卿　魏晋
承办单位：南京苍润斋

132. 展览名称：神灵的艺术——来自中部非洲的面具特展
展览时间：2016 年 8 月 3 日—11 月 6 日
展览地点：南京博物院
主办单位：南京博物院

133. 展览名称：第七届江苏省水彩粉画作品展

展览时间：2016 年 8 月 5—10 日

展览地点：江苏省现代美术馆

参展艺术家：蔡可　程明　董道奎　董智　冯卫军　冯武阳　傅庄

耿金龙　郭承波　李国梁　刘伟光　宁伟　潘道生

骈建　沈向红　孙珺　吴勇　王晶晶　王鹭　王兆红

吴欣原　夏晓云　谢坚　薛勇　姚芳华　袁景

张立影　张萌　张玄　张永　朱顺传　宗华婷

主办单位：江苏省文学艺术界联合会　江苏省美术家协会

承办单位：江苏省美术家协会水彩水粉画艺委会　江苏省现代美术馆

协办单位：南京大学美术研究院　南京师范大学美术学院

南京艺术学院设计学院

134. 展览名称："DANCE OF PEOPLE" 起舞人生——本奇油画作品展

展览时间：2016 年 8 月 6—16 日

展览地点：国艺美术馆

参展艺术家：本奇

主办单位：南京国美文化传播有限公司　南京艺术学院国际教育学院

承办单位：南京国艺美术馆

协办单位：南京秦淮河建设开发有限公司

135. 展览名称：浮世——张宁飞个展

展览时间：2016 年 8 月 6 日—8 月 22 日

展览地点：南京问象艺术空间

参展艺术家：张宁飞

136. 展览名称：法老—王：古埃及文明和汉代文明的故事——南博年度大展

展览时间：2016 年 8 月 10 日—2017 年 1 月 9 日

展览地点：南京博物院

主办单位：南京博物院

137. 展览名称：沭水兰亭——中国书法兰亭奖获奖书家精品邀请展

展览时间：2016 年 8 月 12—20 日

展览地点：江苏省现代美术馆

主办单位：江苏省文学艺术界联合会　江苏省书法家协会

沭阳县人民政府

承办单位：江苏省现代美术馆　中共沭阳县人民政府

138. 展览名称：存在的温度——杜占军油画品鉴展

展览时间：2016 年 8 月 13—22 日

展览地点：更斯艺术馆

参展艺术家：杜占军

策展人：王昊

主办单位：更斯艺术馆

139. 展览名称：我们仨——纪太年、钱鹏、魏晋书画展

展览时间：2016 年 8 月 14—24 日

展览地点：九华美术馆

参展艺术家：纪太年　钱鹏　魏晋

承办单位：南京苍润斋

140. 展览名称：我站在画布面前——苏天赐的艺术世界

展览时间：2016 年 8 月 26 日—10 月 25 日

展览地点：南京博物院

参展艺术家：苏天赐

主办单位：南京博物院

141. 展览名称：荷而不同——2016 江苏名家“荷”主题创作邀请展

展览时间：2016 年 8 月 26 日—9 月 6 日

展览地点：南京宣和美术馆

参展艺术家：喻继高　萧平　陆越子　叶烂　尤捷　聂危谷

赵治平　江宏伟　刘春杰　纪太年　王昊　成军

王玉海　王中平　吴新伟　钱鹏　宋扬　陈姗

主办单位：江苏宣和艺术品发展有限公司

承办单位：南京宣和美术馆

142. 展览名称：人间八月，花开月之谷 ——吴冠南文人写意花鸟新作展

展览时间：2016 年 8 月 28 日—9 月 30 日

展览地点：南京月之谷画廊

参展艺术家：吴冠南

策展人：季如月

主办单位：南京月之谷画廊

143. 展览名称：潘高鹏中国画展

展览时间：2016 年 8 月 30 日—9 月 4 日

展览地点：江苏省美术馆

参展艺术家：潘高鹏

主办单位：江苏省文化厅　江苏省文学艺术界联合会

新华报业传媒集团　中国美术家协会艺术委员会

江苏省中华文化促进会

144. 展览名称：归真·两岸三地——黄名芊、蒋永溪、张庆钧艺术作品联展

展览时间：2016 年 9 月 1—7 日

展览地点：江苏省现代美术馆

参展艺术家：黄名芊　蒋永溪　张庆钧

主办单位：江苏省文学艺术界联合会　江苏省美术家协会

承办单位：江苏省现代美术馆　江南大学

145. 展览名称：乱坠天花——雨花石与金陵风韵特展

展览时间：2016 年 9 月 1 日—12 月 1 日

展览地点：南京博物院

主办单位：南京博物院

146. 展览名称：工美新力量——2016 江苏省工艺美术新人新作大赛

展览时间：2016 年 9 月 3—9 日

展览地点：江苏工美馆

主办单位：江苏省经济和信息化委员会消费品工业处
江苏省工艺美术行业协会

协办单位：各市工艺美术协会及学会

147. 展览名称：左腕如山——费新我先生书法特展

展览时间：2016 年 9 月 6—15 日

展览地点：江苏省国画院美术馆

参展艺术家：费新我

主办单位：江苏省国画院

148. 展览名称：鲁迅的身影——原版照片珍藏版首展

展览时间：2016 年 9 月 9 日—10 月 8 日

展览地点：金陵美术馆

主办单位：鲁迅文化基金会　南京书画院（金陵美术馆）

149. 展览名称：苏风艺韵——廖松涛个展

展览时间：2016 年 9 月 9—13 日

展览地点：江苏省现代美术馆

参展艺术家：廖松涛

主办单位：江苏省文学艺术界联合会　中共镇江市委宣传部

承办单位：江苏省美术家协会　江苏省书画院　江苏省现代美术馆
　　　　　镇江市文学艺术界联合会

150. 展览名称：草篆·荆楚风——朱友舟 2016 年书法小品展

展览时间：2016 年 9 月 10—17 日

展览地点：九华美术馆

参展艺术家：朱友舟

承办单位：南京苍润斋

151. 展览名称：邵晓峰新著《从耶鲁大学到国家画院》首发式暨精品展

展览时间：2016 年 9 月 10 日—10 月 10 日

展览地点：润墨美术馆

参展艺术家：邵晓峰

主办单位：南京市青年美术家协会

承办单位：南京润墨文化传播有限公司

152. 展览名称：阿是—— 薛尧（流丹）艺术展

展览时间：2016 年 9 月 11—26 日

展览地点：南京微园美术馆

参展艺术家：薛尧（流丹）

策展人：杨大伟

主办单位：微园美术馆

153. 展览名称：极限频率——2016AMNUA 学院计划展

展览时间：2016 年 9 月 13 日—10 月 12 日

展览地点：南京艺术学院美术馆

参展艺术家：艾纳·申克　柏雷　程辰　段建宇　邓碧文　高雷　胡任义　黄一山　江夏然　贾方　林欣　刘茜懿　刘可　刘影　李伟　李郁　刘波　刘若一　马文婷　彭涛　蒲英玮　苏上舟　沙巴哈维·考尔　沈旸　谭勋　吴珏辉　王业丰　王俊　许翔　薛峰　薛问问　项建恒　肖般若　于艾君　应歆珣　郑达　张彦峰　周罡　张钊瀛　朱玺　张秋实　张潇月　张迅

策展人：郑闻

主办单位：南京艺术学院

154. 展览名称：何处惹尘埃——刘伟佳工笔画作品展

展览时间：2016 年 9 月 17—23 日

展览地点：国艺美术馆

参展艺术家：刘伟佳

主办单位：南京国美文化传播有限公司　南京秦淮河建设开发有限公司

承办单位：南京国艺美术馆

155. 展览名称：苦行探道——中央美术学院贾又福工作室师生优秀作品全国巡展·南京站

展览时间：2016 年 9 月 20 日—10 月 3 日

展览地点：金陵美术馆

参展艺术家：贾又福等

156. 展览名称：黑色之光——保科丰巳个展

展览时间：2016 年 9 月 23 日—10 月 20 日

展览地点：南京艺术学院美术馆

参展艺术家：保科丰巳

主办单位：南京艺术学院

157. 展览名称：晓山青——龙珏、徐卫、唐屿茜山水画作品展

展览时间：2016 年 9 月 24 日—10 月 12 日

展览地点：无为艺术馆

参展艺术家：龙珏　徐卫　唐屿茜

策展人：郑洲

主办单位：南京零距离国际机构

承办单位：无为艺术馆

协办单位：南京艺术学院艺术市场实验中心

158. 展览名称："EN · 零距离计划" 第二期 "惊 · 觉" ——皮理文、马爽双个展

展览时间：2016 年 9 月 24 日—10 月 23 日

展览地点：EN Space

参展艺术家：皮理文　马爽

策展人：李国华　陈昂

主办单位：En Space

协办单位：南京十竹斋艺术品投资有限公司

新加坡云端尚艺国际有限公司

159. 展览名称：斯·叙——朱敏　王昊作品展

展览时间：2016 年 9 月 24 日—10 月 7 日

展览地点：更斯艺术馆

参展艺术家：朱敏　王昊

策展人：王昊

主办单位：更斯艺术馆

160. 展览名称：自在荷塘——唐平作品展

展览时间：2016 年 9 月 24 日—10 月 7 日

展览地点：金陵美术馆画廊

参展艺术家：唐平

策展人：沈曙虹

主办单位：江苏省美术家协会

承办单位：金陵美术馆画廊

协办单位：江苏省徐悲鸿研究会　连云港市美术馆

161. 展览名称：竹韵清风——纪念中国共产党成立 95 周年书画展

展览时间：2016 年 9 月 24—26 日

展览地点：同曦艺术馆

主办单位：中国行为法学会

承办单位：中国行为法学会　法治中国文化艺术研究院

江苏省泽心信息有限公司

协办单位：中国法官协会法院文化分会　北京古道兰亭艺术馆

162. 展览名称：既淡且和——Kichi 油画展

展览时间：2016 年 9 月 25 日—10 月 3 日

展览地点：诸子艺术馆

参展艺术家：Kichi

策展人：戴斐　褚兰坤

主办单位：南京诸子艺术馆

协办单位：美国纽约 RIVAA 艺术家学会　美国纽约国际文化艺术中心
北京佑缘拍卖有限公司　北京寄墨堂美术馆
北京成当代艺术中心　江苏凡德文化投资有限公司
海南富力房地产有限公司　华新国际展览有限公司
美国 KichiArt 国际艺术中心

163. 展览名称：心灵手迹——冯相成风景油画速写展

展览时间：2016 年 9 月 25 日—10 月 5 日

展览地点：国艺美术馆

参展艺术家：冯相成

主办单位：南京国美文化传播有限公司

承办单位：南京国艺美术馆

协办单位：上海嘉泰艺术拍卖公司　南京秦淮河建设开发有限公司

164. 展览名称：炉火纯青——2016 龙泉青瓷艺术撷英展

展览时间：2016 年 9 月 28 日—10 月 6 日

展览地点：品成四季艺术空间

参展艺术家：毛正聪　徐定昌　陈爱明　陈显林　叶小春　毛丹阳
王传斌　毛伟杰　周华　陶怡　杨盛侃

主办单位：北京合璧兴陶瓷艺术馆　新华社《收藏投资导刊》杂志社
江苏两汉文化发展有限公司　南京品成四季文化创意有限公司

协办单位：南京品成梦想咖啡馆　南京圣和府邸豪华精选酒店　四明书院

165. 展览名称：静默如谜——马月明个展

展览时间：2016 年 10 月 3—18 日

展览地点：南京问象艺术空间

参展艺术家：马月明

166. 展览名称：KA · 朱士杰小型个人画展
展览时间：2016 年 10 月 8—24 日
展览地点：南京林端美术馆

167. 展览名称：第五届全国九城艺术联展 · 南京站
展览时间：2016 年 10 月 9—17 日
展览地点：江苏省现代美术馆
参展艺术家：林逸鹏等
主办单位：现代快报
承办单位：江苏艺加文化投资有限公司

168. 展览名称：第 22 届江苏省摄影艺术展览
展览时间：2016 年 10 月 10—12 日
展览地点：江苏省现代美术馆
参展艺术家：李正荣　刘金良　王玉华　朱汉举　肖芳　荣毅清　陈富平　周惠民　戚建国　杨天民　林军　翟必伦　范玉磊　刘华建　张霆　唐凤中　祁骥程
主办单位：江苏省文学艺术界联合会
承办单位：江苏省摄影家协会　江苏省现代美术馆

169. 展览名称：艺术长存　湖山生色——周怀民捐赠书画展
展览时间：2016 年 10 月 13 日—12 月 5 日
展览地点：南京博物院
主办单位：中共无锡市委　无锡市人民政府　江苏省文化厅

170. 展览名称：苏风艺韵　醉美扬州——庆祝扬州荣获联合国人居奖十周年书画作品展

展览时间：2016 年 10 月 14—18 日

展览地点：江苏省现代美术馆

参展艺术家：章剑华　萧平　谢少承　黄正明　仇必鳌　马家鼎
赵昌智　陈忠南　杨小扬　朱洪林　周鸿钧　张美林
何业栋　葛昕　朱福烓　顾风　蒋永义　徐正标　曹骥等等

主办单位：江苏省文联　中共扬州市委　扬州市人民政府

承办单位：扬州市委宣传部　江苏省美协　省书协　省现代美术馆
扬州市文联

171. 展览名称：鹭在何方——陈国欢作品展

展览时间：2016 年 10 月 15—19 日

展览地点：江苏省美术馆

参展艺术家：陈国欢

策展人：境·空间策展团队

主办单位：江苏省美术家协会　江苏省美术馆　江苏省中国画学会

172. 展览名称：天地人——顾天龙油画作品展

展览时间：2016 年 10 月 15—23 日

展览地点：南京艺术学院美术馆

参展艺术家：顾天龙

主办单位：南京艺术学院

173. 展览名称：诸子艺术馆六周年庆典暨“镇馆之藏”五馆联展

展览时间：2016 年 10 月 15—21 日

展览地点：诸子艺术馆

协办单位：养墨堂美术馆　芥墨艺术馆　六尘艺术馆　江苏画店

174. 展览名称：做已贵人——杨立奇工笔花鸟画展

展览时间：2016 年 10 月 15—22 日

展览地点：古今画府

参展艺术家：杨立奇

主办单位：古今画府

175. 展览名称："写生中国"南京分部绘画精品进校园展

展览时间：2016 年 10 月 16—26 日

展览地点：南京航空航天大学

参展艺术家：Benji 本琦（刚果） 曹建宁 陈启林 陈国欢 陈荣胜 陈杰 杜占军 胡晓东 韩博 韩非 黄卫 金晶（女） 金晓伟 李晓林 李荣洲 李荣国 李楠 李飞群 罗方敏（扬州） 梁徐磊 毛晓剑 马骏 尼凯塔（俄罗斯） 汤达 吴赵铎 吴延诚 吴晶新（女）熊炜 邢健健 徐如宁 徐小涵（女） 徐畅 王立庆 王玉海 杨盛钦 杨东 殷群 袁景 张五力 郑春泉 赵欣（女） 钟华 周琛 曾佳（女） 郑钰（女） 张震

策展人：李楠 王立庆

主办单位：南京航空航天大学 现代快报

承办单位：南京航空航天大学党委宣传部 南京航空航天大学艺术学院

协办单位：写生中国南京分部

176. 展览名称：2015 中国当代艺术年鉴展·南京站

展览时间：2016 年 10 月 16 日—11 月 13 日

展览地点：江苏省现代美术馆

参展艺术家：蔡国强 付小桐 刘成瑞等

策展人：朱青生

主办单位：江苏省文联

承办单位：江苏省现代美术馆　北京民生现代美术馆

北京大学视觉与图像研究中心

协办单位：四川美术学院美术馆

177. 展览名称："文脉·心迹"群展

展览时间：2016 年 10 月 19—25 日

展览地点：中琅艺术馆

参展艺术家：高云　刘云　张广才　韩显红　翟优　顾宪　徐文藻　樊蕾

安玉民　毕宝祥　冯远　古强　康戎　梁元　刘大为　刘佳

栾剑　孟怀良　孙克　王平　吴鸣　徐生华　许丽晴　晏明

杨雷　杨晓阳　叶烂　喻继高　张凡　张兴来　张迎春

赵治平　周海歌　朱天杰　朱小元

策展人：翟优

主办单位：江苏省中国画学会　中共南京市江宁区委宣传部

承办单位：南京中琅艺术馆

协办单位：南京市江宁区文联　南京市江宁区谷里街道

南京中琅假日酒店

178. 展览名称：坚守与探索——成都画院专职艺术家国画作品全国巡展·南京站

展览时间：2016 年 10 月 19 日—11 月 2 日

展览地点：金陵美术馆

参展艺术家：冯灌父　周抡园　张采芹　孙竹篱　沈福文　吴一峰

黄稚荃　李琼久　冯建吴　苏葆桢　赵蕴玉　岑学恭　吕林

朱佩君　李道熙　黄纯尧　李文信　曾晓浒　何继笃

夏亮熹　张幼矩　沈道鸿　田旭中　魏明阳　叶瑞琨　江溶

高晓笛　刘德扬　姚思敏　文永生　李青稞　蔡寅坤

李晖　向洋　刘海涛　付红　卢贞

主办单位：成都市文化广电新闻出版局　成都市推广天府画派办公室
承办单位：成都画院（成都市美术馆）南京书画院（金陵美术馆）
协办单位：成都天府画派促进会

179. 展览名称：自逍遥——姚媛个展
展览时间：2016 年 10 月 21—27 日
展览地点：江苏省美术馆
参展艺术家：姚媛
策展人：孙磊

180. 展览名称：未来形态——80 后水墨大展
展览时间：2016 年 10 月 21 日—11 月 21 日
展览地点：金陵美术馆
参展艺术家：卞雅清　卞媛　曾立国　陈贝西　程承　程楠　邓先仙
杜斌　樊心若　高重飞　高翔　顾真真　黄岑　孔庆忠
李莉　梁雨　林聪文　庞康　亓文平　钱传兵　乔圆
孙少楠　王顾宇　王君　王梦晗　魏晋　魏全儒
吴爱华　杨瀞　杨新收　杨宇　张平静　张嗣　张岳
赵怡文
策展人：李磊
主办单位：江苏省文化产权交易所
协办单位：苏豪传媒集团　爱涛文化产业公司　金陵美术馆

181. 展览名称：四句偈——主题创作邀请展第二回
展览时间：2016 年 10 月 22—31 日
展览地点：更斯艺术馆
参展艺术家：任辉　亓文平　王昊　王雪峰　卞雅清　平莉　毕波　刘勇
安萍萍　张能锐　张筱膺　沈敬东　陈贝西　陈姗　范治斌

庞康　赵东　高子尧　徐开君　萧文亮　释界虚

主办单位：更斯艺术馆

182. 展览名称：依旧——郑荣中国画、紫砂壶作品展

展览时间：2016 年 10 月 22—31 日

展览地点：金陵美术馆画廊

策展人：沈曙虹

主办单位：金陵美术馆画馆

承办单位：江苏朗恩斯科技股份有限公司　宜兴市荣泽物资有限公司

183. 展览名称："事件笔记"群展

展览时间：2016 年 10 月 22 日—11 月 20 日

展览地点：金鹰当代艺术空间

参展艺术家：蔡奕勳　郭鸿蔚　梁硕　李明　吴其育

策展人：卞卡

主办单位：南京金鹰国际集团　金鹰当代艺术空间

184. 展览名称：在水中——刘波新作展

展览时间：2016 年 10 月 23 日—11 月 7 日

展览地点：南京问象艺术空间

参展艺术家：刘波

185. 展览名称：江苏省国画院近年引进专业人员系列汇报展·张六弢书法作品展

展览时间：2006 年 10 月 24 日—11 月 02 日

展览地点：江苏省国画院美术馆

参展艺术家：张六弢

主办单位：江苏省国画院

承办单位：江苏省国画院美术馆　江苏省书法院

协办单位：现代快报　中国江苏网

186. 展览名称：一笺墨香——柳正梅、王岚书画小品品鉴展

展览时间：2016 年 10 月 26 日—11 月 4 日

展览地点：品成四季艺术空间

参展艺术家：柳正梅　王岚

主办单位：新华社《收藏投资导刊》杂志社　江苏两汉文化发展有限公司
南京品成四季文化创意有限公司

协办单位：南京品成梦想咖啡馆　南京圣和府邸豪华精选酒店　四明书院
毓婉居花艺工作室

187. 展览名称：林泉问道——中国国家画院导师阮荣春教授团队巡回展·南京站

展览时间：2016 年 10 月 27 日—11 月 4 日

展览地点：南京宣和美术馆

参展艺术家：阮荣春　顾平　杨惠东　解安宁　程明震　吕少卿

主办单位：中国国家画院　华东师范大学

承办单位：华东师范大学艺术研究所《画院》杂志社　江苏宣和国艺
南京宣和美术馆

协办单位：天津人民美术出版社　南京艺术学院　西安交通大学

188. 展览名称：视履——袁景作品展

展览时间：2016 年 10 月 26 日—11 月 5 日

展览地点：南京艺术学院美术馆

参展艺术家：袁景

主办单位：南京艺术学院

189. 展览名称：“PLACE 请”国际现代摄影展

展览时间：2016 年 10 月 29 日—11 月 20 日

展览地点：56 文创园艺术空间

参展艺术家：Nathan Pelton（美国） Craig Jones（美国） Lucy Richens（英国）
Jennifer Howard（加拿大） Tanguy Dezaunay（法国）
Alessandro（意大利） Esther（荷兰）
Miguel Escamilla（墨西哥） Rimvydas Markevicius（立陶宛）
Sharvari（印度） Anabel（厄瓜多尔）

策展人：施谏昉

主办单位：见方艺术 56 文创园

190. 展览名称：燕歌行——当代青年艺术家作品邀请展

展览时间：2016 年 10 月 29 日—12 月 29 日

展览地点：有润美术馆

参展艺术家：林纤宁 宗晓丽 翱紫 杨岚 朱雁娴 王君 魏全儒
季旭东 李楚洋 谭耀林 杜月超 刘帅 鲍梦茹 张广尽
敖登高娃 韩卓娜 叶帅 谢明峻 魏艳 黄几 郭砚
陈针 陈姮 王栓宇 袁志刚 高天宇 李晶 梁小然
高子昂

主办单位：南京有润美术馆

协办单位：慕燕画院 南京有润当代艺术中心有限公司

191. 展览名称：幻术园——倪蓓蓓个展

展览时间：2016 年 10 月 29 日—11 月 12 日

展览地点：诸子艺术馆

参展艺术家：倪蓓蓓

主办单位：诸子艺术馆

192. 展览名称：样子——鞠慧水墨艺术展

展览时间：2016 年 11 月 2—6 日

展览地点：江苏省美术馆

参展艺术家：鞠慧

策展人：夏可君

主办单位：南京市浦口区文化广电局　江苏省美术家协会

承办单位：求雨山文化名人纪念馆　求雨山书画院

193. 展览名称：境界——庞飞个展

展览时间：2016 年 11 月 5—12 日

展览地点：金陵美术馆

参展艺术家：庞飞

策展人：丁梦岚　刘梓封

主办单位：南京市文广新局　南京市文化投资控股集团
南京市广播电视集团　金陵美术馆

194. 展览名称：水墨艺术“新礼乐”时代、当代艺术“新思想”时代——“中国未来”第二届青年艺术家提名展

展览时间：2016 年 11 月 5—12 日

展览地点：金陵美术馆

参展艺术家：白璎　常潇　陈子丰　单鼎凯　董婷竹　傅颖川　甘永川
龚丽娜　韩荷　黄岑　黄麒元　李娜　李骏逸　梁雨　刘派
刘瑶　刘禹君　刘宁　龙珏　鹿野骋　毛大海　庞飞　浦均
孙超　王煜　王君　王琳　王鹏　魏全儒　姚媛　赵怡文
赵方方　曾立国　常佶　陈洁　丛伟　冯且　何金安
胡宗祥　蒯连会　罗凡　马腾　马超　那新宇　乔雷凯
任重远　田君　王东春　王小　徐小鼎　杨波　杨倏然
吴耀东　张贯宇　张恒　张超　张科学　曾毅　赵罡

策展人：丁梦岚　刘梓封

主办单位：南京市文广新局　南京市文化投资有限集团

　　　　　南京市广播电视集团

承办单位：南京十竹斋画院

195. 展览名称：天工与清新——钱鹏作品展

展览时间：2016 年 11 月 5—8 日

展览地点：江苏省美术馆

参展艺术家：钱鹏

策展人：辛心欣　肖立刚

主办单位：江苏省美术家协会　江苏省书法家协会　南京师范大学

　　　　　江苏省花鸟画研究会

协办单位：南京碧峰印务　南京金泰文化　南京苏津文化

　　　　　南京苍润斋　南京信力广告　南京莱斯文化

196. 展览名称："二号展览 in Nanjing" 作品展

展览时间：2016 年 11 月 6—20 日

展览地点：南京恩空间

参展艺术家：蒋欣宇　刘凤鸽（中国台湾）　罗胜夫（中国台湾）

　　　　　　郑智宇（中国台湾）　朱亚钦

主办单位：南京恩空间

承办单位：南京十竹斋艺术品投资有限公司

197. 展览名称：广陵散怀——秦淮七友书画联展·南京站

展览时间：2016 年 11 月 8—15 日

展览地点：南京宣和美术馆

参展艺术家：白鹤　成军　金勇　王健　滕孝忠　吴新伟　方向乐

主办单位：江苏省书法院　江苏宣和国艺

承办单位：南京宣和美术馆

198. 展览名称："意象·架上"油画展

展览时间：2016 年 11 月 8 日—12 月 10 日

展览地点：及物艺术空间

参展艺术家：沈行工　刘伟冬　崔雄　金田　陆庆龙　章文浩
邬烈炎　张新权　王浩辉　盛梅冰　魏鲁安　吴维佳
邢健健　姜南　韩玉龙

策展人：商勇

主办单位：南京惟众文化传媒有限公司

协办单位：宜兴天放企业　南京国艺美术馆　田螺金融
艺众艺术空间《城品》平台

199. 展览名称：江苏省国画院近年引进专业人员系列汇报展·李双阳书法作品展

展览时间：2016 年 11 月 9 日—11 月 18 日

展览地点：江苏省国画院美术馆

参展艺术家：李双阳

主办单位：江苏省国画院

承办单位：江苏省国画院美术馆　江苏省书法院

协办单位：现代快报　中国江苏网

200. 展览名称：结伴少年游——丁亚雷、张筱膺中国画作品展

展览时间：2016 年 11 月 11—23 日

展览地点：南京艺术学院艺术市场实验中心

参展艺术家：丁亚雷　张筱膺

主办单位：南京艺术学院艺术市场实验中心

201. 展览名称：仰望松雪——姚建荣书法展·南京站

展览时间：2016 年 11 月 11—13 日

展览地点：南京图书馆

参展艺术家：姚建荣

主办单位：江苏省书法家协会　江苏省书法院

湖州市文化广电新闻出版局

承办单位：南京图书馆　湖州市图书馆

协办单位：南京紫金画馆　南京金泰文化有限公司　湖州绫绢研究所

202. 展览名称：水墨金陵——江苏名家中国画邀请展

展览时间：2016 年 11 月 11—30 日

展览地点：养墨堂美术馆

参展艺术家：方骏　刘二刚　朱道平　吴冠南　常进　杨春华　范扬

徐乐乐　江宏伟　周京新

主办单位：江苏养墨堂艺术有限公司

203. 展览名称：萧条与供给——第三届南京国际美展

展览时间：2016 年 11 月 12 日—2017 年 2 月 12 日

展览地点：百家湖艺术公馆

参展艺术家：Adrian Paci Anna Maria Maiolino Francesco Arena Francesco Vezzoli Kader Attia Nicol ò Degiorgis Pascal Martin—Tayou Pratchaya Phinthong R · di Martino Rossella Biscotti Santiago Sierra SUPERFLEX Teresa Margolles Yael Bartana Jennifer Allora&Guillermo Calzadilla Miroslaw Balka Joseph Beuys Rossella Biscotti（重）Mircea Cantor Claire Fontaine · yvind Fahlstr · m Goldschmied & Chiari Gordon Matta-Clark Philipp Messner Santu Mofokeng Deimantas Narkevi · Maciej Toporowicz Bernar Venet Luca Vitone Walid Raad / The

Atlas Group Liu Ding Zanele Muholi Franco Vaccari Brandon Andrew Anna・dahl Yesmine Ben Khelil Laurie Charles Bar・Do・rus・z Allison Gibbs Niklas Goldbach Dan Halter Craig Havens Clara Jo Anne DukHee Jordan Naresh Kumar Anastasios Logothetis Flo Maak Siwa Mgoboza Santiago Mostyn Bahar Noorizadeh Alek O. Prabhakar Pachpute Amol K. Patil Sascha Pohle Theo Prodromidis Enrique Ramírez Marie Reinert Bat Sheva Ross Meggy Rustamova Aurora & Sander Mira Sanders Janek Simon Eléonore Saintagnan Marthe Elise Stramrud Lauryn Youden Carla Zaccagnini Alison Kuo Brian Wondergem David M. Stein Keith Wilson Kota Ezawa Marni Shindelman&Nate Larson Michi Meko Miranda Maynard Rachel Cox Okin Collective Sean Se Hwan ROH Xijingmen（project） Choi Deajin Kim Jin Hee Lee Wan Jun Sojung Ham Yang Ah Hyewon Keum Jon Cohrs Armando Lulaj Chim Pom Manit Sriwanichpoom Dan Perjovschi John Smith Mary Mattingly Lee Changwon 李二男（Lee Lee Nam） 李庸白（Lee Yongbaek） 朴雄珪（Park Woongkyu） 邱军 Kim Unzi 王庆松 Lee Yonghwan 卢征远（Lu Zhengyuan） 李暐（Li Wei） 白仲基（Beak Jungki ） Ryu Biho 苍鑫（Cang Xin） Shosh Shalm Jung Yeondoo Yuval Shaul Dimitri Kosiré Lao Mai Thomas Eller 艾松 爱默杨 陈晗 程大鹏 乌托邦小组 邓玉峰 董钧 冯立 高氏兄弟 郭涛 何工 何杰 何翔宇 黄敏 计文于和朱卫兵 坚果兄弟 姜杰 蒋立 金阳平 景柯文 李宝玖 李琳琳 李明铸 李山 李郁＋刘波 马军 毛同强 毛旭辉 孟煌 莫俊峰 任戬 任民 沈晓彤 宋永红 宋永平 宋永兴 张晓刚 王朝 王广义 王挣 韦天瑜 魏光庆 吴迪 谢晓泽

幸鑫　杨劲松　杨冕　杨淞　艺术教育小组　岳敏君　张巍
张文荣　赵华　郑宏祥　周行　朱久洋　朱玺　左小祖咒
josef achrer　庞茂琨　崔岫闻　谢南星　邓大非　吴小军
舒群　展望　朱加　曾扬　陈陈陈　邓碧文　丁楠　韩建宇
申亮　史金淞　双飞艺术中心　田晓磊　杨帆　耶苏
叶甫纳　杨光南　曹恺　陈文令　董文胜　高雷　何森
何汶玦　洪磊　黄峻　金锋　刘建华　王强　王轶琼
吴高钟　徐一晖　杨千　赵能智　刘鼎　蔡士弘　曹晖
汪建伟　曾令香　陈卫闽　陈曦　从瓴其　崔国泰　范勃
贺丹　胡为一　李昌龙　李大方　李青　李勇政　林文
刘彧文　吕山川　牟桓　琴嘎　邱黯雄　石峻　苏新平
王凤华　王华祥　王家增　王易罡　吴翦　忻海洲　杨茂源
杨少斌　姚璐　姚朋　叶凌瀚　尹朝阳　于瀛　张小涛
张钊瀛　钟飙　周伟华　Yorkson（陈奕敏）　邓春儒 + 王亭
方璐　韩磊　郝敬班　胡昀　黄蓝　贾淳　孔千　刘野夫
刘展　吕楠　马延红　彭祖强　秦晋　邱炯炯　仝天庆
王俊艺　王友身　翁奋　吴思骏　杨宏伟　杨圆圆　姚清妹
章燕紫　郑得恩　Bartosz Fraczek　曾群凯　崔白　单飞达
高海戈　江书军　林致言　刘建明　乔相伟　覃超　王小双
王雪　薛超　杨春晖　杨深　于向溟　张春华　Marc Beaufrere
顾翔　李小彬　林恩迎　吴家颍　禹露　张克立　张峻硕
栗子　张大力　颜磊　沈勤　李占洋　罗荃木　王郁洋
臧坤坤

策展人：吕澎

主办单位：中国公共外交协会　中国侨商联合会　百家湖国际文化投资集团

承办单位：南京国际美术展组委会　百家湖美术馆

南京财富投资集团　南京利源集团

协办单位：南京公共外交协会　南京市人民对外友好协会

南京侨商会　南京凤凰山艺术园　ART100 画廊

204. 展览名称：毕加索遇见达利——版画作品展·南京站

展览时间：2016 年 11 月 18 日—12 月 19 日

展览地点：南京江苏饭店

参展艺术家：毕加索　达利

策展人：Vastspace

主办单位：艺潮微艺会

承办单位：FFA 当代艺术中心

205. 展览名称：暖色戏——邓家安作品展

展览时间：2016 年 11 月 19—30 日

展览地点：诸子艺术馆

参展艺术家：邓家安

策展人：赵军

主办单位：诸子艺术馆

206. 展览名称：江苏省国画院近年引进专业人员系列汇报展·刘懿中国画作品展

展览时间：2016 年 11 月 23 日—12 月 2 日

展览地点：江苏省国画院美术馆

参展艺术家：刘懿

主办单位：江苏省国画院

承办单位：江苏省国画院美术馆　江苏省国画院美术理论研究所

协办单位：现代快报　中国江苏网

207. 展览名称：七彩生活——徐开利油画写生展

展览时间：2016 年 11 月 24 日—12 月 8 日

展览地点：南京六朝博物馆二楼画廊

参展艺术家：徐开利

主办单位：南京市文化广电新闻出版局

承办单位：六朝博物馆

协办单位：南京市博物总馆　现代快报社

208. 展览名称：共在——当代艺术邀请展

展览时间：2016 年 11 月 26 日—12 月 16 日

展览地点：南京微园美术馆

参展艺术家：尚扬　王劼音　苏新平　武艺　马轲　曹钝夫　彭薇
陈彧君　陈彧凡

策展人：杨大伟

主办单位：微园美术馆

209. 展览名称：胡宁娜·协奏曲

展览时间：2016 年 11 月 27 日—12 月 4 日

展览地点：江苏省美术馆

参展艺术家：胡宁娜

主办单位：江苏省文化厅

承办单位：江苏省国画院　江苏省美术馆

210. 展览名称：还春轩墨痕——陈肯书法遗作展

展览时间：2016 年 11 月 29 日—12 月 3 日

展览地点：江苏省现代美术馆

参展艺术家：陈肯

主办单位：江苏省书法家协会　江苏省直书法家协会
江苏省现代美术馆

211. 展览名称：境由心生——沈威峰画展 · 南京站

展览时间：2016 年 12 月 1—14 日

展览地点：金陵美术馆

参展艺术家：沈威峰

主办单位：南京书画院

承办单位：南京书画院金陵美术馆　南京书画院花鸟画研究所

协办单位：江苏凤凰艺术有限公司　江苏新潮科技集团
苏州画院新潮艺术研究院

212. 展览名称：天上大风——荒木经惟、朱新建双人展

展览时间：2016 年 12 月 1—15 日

展览地点：南京师范大学美术学院美术馆

参展艺术家：荒木经惟　朱新建

主办单位：南京师范大学美术学院

承办单位：南京观一文化传媒有限公司　江苏爱涛拍卖有限公司
沧州美术馆　北京天大云华美术馆
南京十朝会文化发展有限公司　Otto2 艺术美学会馆
金陵大丰堂（香港）有限公司

213. 展览名称：微尘里——包新田中国画作品展

展览时间：2016 年 12 月 3—9 日

展览地点：金陵美术馆画廊

参展艺术家：包新田

主办单位：江苏盛得拍卖　金陵美术馆画廊

协办单位：扬子创投　苏州三元美术馆　《大美术》杂志社
润雅堂艺术　南京丙希文化发展有限公司

214. 展览名称：工行记——新生代工笔画家作品展（第三回）

展览时间：2016 年 12 月 3—11 日

展览地点：南京诸子艺术馆

参展艺术家：陈娇娇　卢韵至　刘娇　李程琛　谭芷若　姚茜

主办单位：南京诸子艺术馆

215. 展览名称：我的梦——段革新作品展

展览时间：2016 年 12 月 3—18 日

展览地点：南京问象艺术空间

参展艺术家：段革新

策展人：林书传

216. 展览名称：黟昧取象——中国当代水墨邀请展

展览时间：2016 年 12 月 4—18 日

展览地点：南京宣和美术馆

参展艺术家：党震　丁山　杜小同　范琛　范治斌　贺兰山

李戈晔　秦修平　屠鸿辉　王犁　张富军　朱雅梅

策展人：卢卫卫

主办单位：江苏宣和国艺

承办单位：南京宣和美术馆

217. 展览名称：陆庆龙、梁元作品展

展览时间：2016 年 12 月 7—14 日

展览地点：江苏省美术馆

参展艺术家：陆庆龙　梁元

主办单位：江苏省美术馆

218. 展览名称：视域·空间——中国博物馆建筑摄影展

展览时间：2016 年 12 月 7 日—2017 年 3 月 7 日

展览地点：南京博物院

主办单位：南京博物院

219. 展览名称：江苏省国画院近年引进专业人员系列汇报展·白鹤书法作品展

展览时间：2016 年 12 月 9—18 日

展览地点：江苏省国画院美术馆

参展艺术家：白鹤

主办单位：江苏省国画院

承办单位：江苏省国画院美术馆　江苏省书法院

协办单位：现代快报　中国江苏网

220. 展览名称：风的颜色——顾燕绘画展

展览时间：2016 年 12 月 10—15 日

展览地点：南京艺术学院艺术市场实验中心

参展艺术家：顾燕

主办单位：南京艺术学院艺术市场实验中心

221. 展览名称：水墨金陵——江苏水墨艺术家作品邀请展

展览时间：2016 年 12 月 10—25 日

展览地点：养墨堂美术馆

参展艺术家：刘红沛　张正民　姜永安　李金国　秦修平　徐钢
赵怡文　单鼎凯　林聪文

主办单位：江苏养墨堂艺术有限公司

222. 展览名称：美的教育——南京市宁海中学美术教育三十周年艺术作品展

展览时间：2016 年 12 月 15—18 日

展览地点：江苏省美术馆

主办单位：南京市宁海中学

承办单位：江苏省中国画学会宁海中学美术教育基地
南京市宁海中学美术馆

223. 展览名称：江海丹青——南通书法国画研究院作品展

展览时间：2016 年 12 月 16—31 日

展览地点：金陵美术馆

参展艺术家：林白　张淮　张晏　余曾善　侯德剑　董成伟
朱建中　康戎　邵连　张建斌　朱剑　张卫　王汇涛
袁艳　杨宇等

主办单位：南京市文广新局　南通市文广新局

承办单位：南京书画院（金陵美术馆）　南通书法国画研究院

224. 展览名称：匠与意——同曦·中国青年雕塑艺术展

展览时间：2016 年 12 月 17 日—2017 年 1 月 16 日

展览地点：同曦艺术馆

策展人：吴为山

主办单位：中国城市雕塑家协会　同曦集团

承办单位：江苏省雕塑家协会　同曦艺术馆

225. 展览名称：刘红沛·空山绝响·纸醉春秋

展览时间：2016 年 12 月 17—24 日

展览地点：江苏省美术馆

参展艺术家：刘红沛

主办单位：江苏省文化厅

承办单位：南京市文广新局　江苏省美术馆

226. 展览名称：山静日长——王静作品展

展览时间：2016 年 12 月 17—31 日

展览地点：诸子艺术馆

参展艺术家：王静

策展人：李军

主办单位：南京诸子艺术馆　南京大学美术研究院

227. 展览名称：纸载千秋——传统记忆与保护技艺

展览时间：2016 年 12 月 17 日—2017 年 3 月底

展览地点：南京博物院

主办单位：南京博物院

228. 展览名称：真象必露——魏全儒作品展

展览时间：2016 年 12 月 18—25 日

展览地点：六尘艺术馆

参展艺术家：魏全儒

主办单位：江苏六尘文化发展有限责任公司

承办单位：中国南京·六尘艺术馆

229. 展览名称：亚洲丝链美术展·南京站

展览时间：2016 年 12 月 20 日—2017 年 1 月 5 日

展览地点：南京师范大学美术学院美术馆

策展人：钟金钩（马来西亚）

主办单位：广州美术学院　南京师范大学美术学院

承办单位：广州美术学院大学城美术馆　南京师范大学美术学院美术馆

230. 展览名称：不忘初心——孙晓云书法展

展览时间：2016 年 12 月 20—27 日

展览地点：江苏省美术馆

参展艺术家：孙晓云

主办单位：江苏省文化厅

承办单位：江苏省美术馆

协办单位：江苏省国画院　南京市文化广电新闻出版局
无锡市文化广电新闻出版局　徐州市文化广电新闻出版局
常州市文化广电新闻出版局　苏州市文化广电新闻出版局
南通市文化广电新闻出版局　连云港市文化广电新闻出版局
淮安市文化广电新闻出版局　盐城市文化广电新闻出版局

231. 展览名称：执古——2016 康凯古意山水画展

展览时间：2016 年 12 月 20—27 日

展览地点：南京宣和美术馆

参展艺术家：康凯

232. 展览名称：和永生水墨作品展

展览时间：2016 年 12 月 21 日—2017 年 1 月 6 日

展览地点：月之谷画廊

参展艺术家：和永生

策展人：季如月

233. 展览名称：叁拾年——沈勤个展

展览时间：2016 年 12 月 24 日—2017 年 1 月 10 日

展览地点：南京艺术学院美术馆

参展艺术家：沈勤

策展人：林书传

234. 展览名称：凡心异象——聂危谷、董斯岳当代水墨联展

展览时间：2016 年 12 月 24 日—2017 年 1 月 2 日

展览地点：更斯艺术馆

参展艺术家：聂危谷　董斯岳

主办单位：更斯艺术馆

235. 展览名称：新吴门画派——苏州国画院中国画作品展 · 江苏站

展览时间：2016 年 12 月 26 日—2017 年 1 月 4 日

展览地点：江苏省国画院美术馆

参展艺术家：韩山　孙君良　余克危　刘懋善　马伯乐　徐源绍
蔡廷辉　吴雍　周矩敏　冯豪　谭以文　姚新峰
叶放　夏回　李亚光　刘佳　贾俊春　孙宽　苏锐
华彬

主办单位：江苏省国画院　苏州国画院

承办单位：江苏省国画院美术馆

236. 展览名称：织被天下——云锦与西兰卡普

展览时间：2016 年 12 月 29 日—2017 年 3 月 31 日

展览地点：南京博物院

主办单位：南京博物院

237. 展览名称：花开见佛——陈之佛的艺术世界

展览时间：2016 年 12 月 29 日—2017 年 3 月 31 日

展览地点：南京博物院

参展艺术家：陈之佛

主办单位：南京博物院

238. 展览名称：袁振华画展

展览时间：2016年12月30日—2017年1月10日

展览地点：九华美术馆

参展艺术家：袁振华

主办单位：空军美术书法研究院

承办单位：南京苍润斋

239. 展览名称：墨羽——周京新花鸟册品鉴雅集展

展览时间：2016年12月30日—2017年2月1日

展览地点：南京六尘艺术馆

策展人：柳晖

主办单位：江苏六尘文化发展有限责任公司

承办单位：南京六尘艺术馆

240. 展览名称：山外——薛亮作品展

展览时间：2016年12月30日—2017年1月6日

展览地点：江苏省美术馆

参展艺术家：薛亮

主办单位：江苏省文化厅

承办单位：江苏省美术馆

协办单位：江苏省国画院　南京市文化广电新闻出版局
无锡市文化广电新闻出版局　徐州市文化广电新闻出版局
常州市文化广电新闻出版局　苏州市文化广电新闻出版局
南通市文化广电新闻出版局　连云港市文化广电新闻出版局
淮安市文化广电新闻出版局　盐城市文化广电新闻出版局

241. 展览名称：对白——ESPOIR跨年艺术家联展

展览时间：2016年12月31日—2017年1月31日

展览地点：ESPOIR GALLERY

参展艺术家：曹景德　何金安　胡宗祥　路路　刘曙光　李毓明
王承东　王旺　徐世琨　袁景　朱东升　郑迎春

策展人：阮小懿

主办单位：江苏庄盛集团

承办单位：江苏依索帕拉文化发展有限公司

242. 展览名称：水印年华——江苏省美术馆馆藏版画作品精选（巡展）

展览地点：江苏省美术馆

主办单位：江苏省美术馆

后记

本书由南京艺术学院艺术市场实验中心、南京清凉书画研究院联合编撰，顾颖总摄其事。线下文物艺术品拍卖的数据采集与整理工作，由顾也天、王铭钰、史悦、蒋鑫、倪春娇、卜子桓、刘丰涛分头完成；线上文物艺术品拍卖部分由孟瑶完成；艺术展览则由岳登强统计。顾颖、史悦、孟瑶、刘金泳负责撰文，其中孟瑶承担线上文物艺术品拍卖部分，刘金泳承担“老酒”板块。两篇访谈，分别由顾瑜堃、史悦记录整理。

在编撰过程中，我们得到中共江苏省委宣传部文化产业处处长王明珠等同志的热情惠助；南京艺术学院将本书列为江苏省高校优势学科二期工程（PAPD）资助项目（美术学）；江苏14家线下文物艺术品拍卖企业及多家微拍机构提供了总计二十余万条拍卖数据及多帧作品图片；江苏凤凰美术出版社王左佐等同志在出版方面助益良多；岳秀程、李凝及徐浩文等同志也多有襄助。对他们的大力支持，我们表示诚挚的谢意。

文物艺术品拍卖市场年度研究报告的编撰殊不易易，数据既多，爬梳亦难。《2015江苏文物艺术品拍卖市场研究报告》刊行后，得获江苏省有关部门的领导及业界、学界的广泛好评，令我们充满信心。对今年这部书的不足，我们期待各位读者不吝指正，俾便今后编撰中更行优化。